京都政策研究センターブックレット No. 2

もうひとつの「自治体行革」
住民満足度向上へつなげる

企画

京都府立大学 京都政策研究センター
KYOTO POLICY INSTITUTE

編著
青山公三・小沢修司・杉岡秀紀・藤沢 実

公人の友社

目次

巻頭言にかえて　青山公三（KPIセンター長・京都府立大学公共政策学部教授）……4

第1部：特別対談　山田啓二（京都府知事）×増田寛也（京都府立大学客員教授・元総務大臣）

【講演】「地域の再生、日本の再生」京都府知事　山田啓二……9

【対談】「地方自治の真価」
山田啓二（京都府知事）×増田寛也（京都府立大学客員教授・元総務大臣）……10

山田啓二（京都府知事）×増田寛也（京都府立大学客員教授・元総務大臣）……22

第2部：住民満足度につながるもうひとつの「行革」

第1節：京都府内市町村の行財政改革の現状と課題
中越　豊（京都府総務部自治振興課市町村行革担当課長）……33

第2節：債権回収と生活再建によるもうひとつの「行革」
小沢修司（京都府立大学公共政策学部教授）……34

第3節：自治体評価ともうひとつの行政改革
窪田好男（京都府立大学公共政策学部准教授）……49

第4節：人材育成と行政改革
杉岡秀紀（京都府立大学公共政策学部講師）……62

第5節：公共施設マネジメントの取組と、課題、今後の展開について
堀　政彦（京都府総務部自治振興課主査）……77

……92

第3部：座談会 もうひとつの「自治体行革」とは

【司　会】藤沢　実（京都府立大学公共政策学部准教授）
【参加者】青山公三／小沢修司／窪田好男／川勝健志／杉岡秀紀／中越　豊

KPIを知るには？　　村山　紘子（KPI・研究員） …… 106

これからの地域支援のカタチ　片山　健 …… 119

【コラム】

税外債権管理について　園田研斗 …… 47
人事評価とスキルアップについて　近藤聖文 …… 47
市町村行革支援研究会に参画して　川口秀樹 …… 48
舞鶴市の債権管理適正化への取組　西嶋久勝 …… 48
債権管理・回収について　岩間信之 …… 61
新たな行政評価で総合計画を推進　浦　邦彰 …… 61
京丹後市の行政評価の取組　中江孝吏 …… 75
「公(public)＝みんなのもの」と言う考え方　森本健次 …… 75
「行革」って何なのか　中谷美知郎 …… 76
綾部市の勤務評定制度について　中野　誠 …… 76
久御山町にふさわしい人事評価制度を目指して　田中友美 …… 90
ミッション「民間事業者と協働で新商品づくりを」梅本禎久 …… 90
人材育成について思うこと　岩崎裕之 …… 91
公共施設マネジメントとは？　志水忠弘 …… 91
行革の成果と課題　山村　誠 …… 105

巻頭言にかえて

青山　公三（京都政策研究センター（KPI）長 / 京都府立大学 公共政策学部 教授）

京都政策研究センター（以下KPI）の第2号のブックレット発刊にこぎつけることができた。これもKPIに関わる多くの皆様のご協力の賜物といえ、この場で厚く御礼申し上げたい。

ブックレット第1号では、KPIが京都府は言うに及ばず府内市町村のシンクタンクとしての役割を果たしていくという決意表明をさせて頂いた。KPIの使命は単に自らが研究を進めるだけでなく、行政職員と大学の研究者とが「協働」して、調査・研究にあたることにある。そしてさらに重要なことは、その成果をこうしたブックレットのような形で継続的に情報発信していくことであると考えている。

本ブックレット第2号では「自治体行革」をテーマに取り上げた。これまで「自治体行革」といえば、経費・人員の削減、事務事業・組織の見直し、一部業務の外部委託、給与の減、減等々の「減らす」改革ばかりの「自治体行革」が実施されてきた。しかしその結果、果たして住民サービスや住民満足度は向上したのであろうか。持続可能な自治・自治体のあり方は担保さ

れたのであろうか。もしそうでないとすれば何のための改革なのか、今一度考える必要があると言えよう。その意味で本ブックレットのタイトルは「もうひとつの『自治体行革』──住民満足度向上へつなげる──」とさせて頂いた。

このような問題意識の下、本書ではまず第1部で、これからの公共や自治の方向性を確認すべく、京都府知事（全国知事会会長）の山田啓二氏と本学客員教授で元総務大臣の増田寛也氏に「地方自治の真価」について語って頂いた内容を収録した（年一回開催される公共政策学部公開講座を特別収録）。

続く第2部では、平成25年度に京都府総務部自治振興課とKPIとの協働で実施した「市町村行革支援研究会」において行った調査、研究などを取りまとめた。行政の実務家（府・市町村）と研究者（府大）の協働研究による成果ということで、①京都府内市町村における行革の現状と課題、②持続可能な自治体づくりのための行革先進事例の紹介を通じ、現行の「行革」の到達点や課題の確認をするとともに、もうひとつの「自治体行革」のあり方について様々な立場から論じている。

最後に第3部では、京都府とKPIメンバーによる対談を通じて、これからの市町村行革のあり方や都道府県支援政策のあり方を解き明かしていく中で、もうひとつの自治体行革について提言を取りまとめた。

自治体による行革は今後も継続的に進めていく必要があることは言うまでもない。しかし、今後の自治体行革はぜひ市民、住民目線で進めてもらいたいと願っている。本書がその一助になれ

本書の作成に際し、協働研究のプロセスで関わって頂いた多くの京都府内市町村職員の方々、京都府職員の方々、そして京都府立大学の教員に執筆頂いた。執筆して頂いた方々にはこの場をお借りして御礼申し上げたい。

今後もこのような形で京都政策研究センターの研究成果を継続的に発刊していきたいと考えているので、ぜひ皆様の継続的なご支援をお願いしたい。

なお、本ブックレットの制作に当たっては、公人の友社の武内英晴社長の助言と京都政策研究センターの村山紘子研究員の多大な尽力をいただいた。この場をお借りして厚く御礼もうしあげたい。

さて今回、我が国の特に地方自治体レベルの行革について特集を組んだわけであるが、これらの取組をリードするものとされる米国での行革の動きとその源泉がどこにあるのかについて、巻頭の限られた紙幅ではあるが簡単に紹介しておきたい。

我が国の自治体行革においては、90年代後半から2000年代になって、米国における自治体行革（民営化や市場化テスト、PFI¹など）やベンチマークシステムを積極的に導入しようとした自治体が少なくない。当時、多くの日本の自治体がアメリカ詣でをしていたのは記憶に新しい。

しかし、調べていくと、現在の米国の行革システムは、日本に範を求めていた場合が少なくない。国際市郡マネジメント協会（ICMA）のホームページにある行政の業績評価²の歴史概要を述べているところには、「1938年にICMAが"自治体活動の計測 (Measuring Municipal

Activities)"で業績評価の考え方を出した後、日本の製造業がこの手法を導入し、QCサークル活動などによって大きく発展させた。その成功を今度は米国が逆輸入している。」との趣旨の記述がある。

例えば、米国郵政公社（United States Postal Service：USPS）では、1995年からCustomerPerfect!という大規模な業績評価・改善プログラムを進めていたが、ここでは1990年以前から、日本の自動車産業のQCの手法を取り入れた評価・改善プログラムを進め、日本のQCをより高度化したプログラムを独自に作り上げた。

テキサス州オースティンでは、1990年に、行政の総合品質管理（Total Quality Management: TQM）のシステムを導入した。このシステムは日本の自動車や電化製品の品質管理に導入されていたものである。このTQMでは、目標を定めた業績評価プログラム「Hoshin（方針）プログラム」を進めて、大きな成果をあげた。日本語の「方針」を一種のベンチマークとして使っていたのである。

日本の自治体行革は、一部米国の手法を見習う形で進められてきた部分もある。しかし実は日本が米国から導入してきたのは、かつて日本の製造業等が行ってきた手法を学んだものが多い。その意味で日本の行革も、日本の企業システムを今一度見直してみる必要があるかもしれない。

米国においては、特に90年代以降、地方政府、州、連邦のそれぞれが、独自の行革システムを構築し、実に多様な行革を進めてきた。本稿ではそのプロセス等を具体的に紹介することはできないが、様々な事例から見ると、行革が成功する要素は以下の4点であると考える。

① 的確な行政達成目標をめざした戦略計画（政策）を策定し、策定した計画への具体的で戦略的な達成プログラムを構築すること
② 住民の意見のプログラムへの反映、住民の旺盛な参加意欲の醸成、そのためのわかりやすい目標とわかりやすい評価レポートの作成
③ 外部からの評価システムを設け、多元的な評価を行うこと
④ トップの強力な指導力

これらは全て重要であるが、特に日本においては②と③が最も重要である。市民が自治体行革に関心を持たなければ、行革の成功はおぼつかない。これまでの日本の自治体行革では市民が積極的に参加して達成された例はほとんどない。また、行革以外の複数の主体による評価は特に重要であり、米国のシステムの大部分がこの体制を構築している。日本でも「第三者委員会」などの名称で、外部の人々による評価を取り入れ始めているところもあるが、残念ながら実質的に第三者委員会としての役割を果たしている例もほとんどない。日本の自治体行革もこれらの点を大いに見習ってほしいものである。

1 ＰＦＩ：Public Finance Initiative これまで公共が建設・整備してきた公的な施設（例えば学校の校舎や空港ターミナルなど）を民間に建設させ、民間は公共や利用者から使用料を取って一定年限運営を行うシステム。
2 Performance Measurement を業績評価と訳した。日本では行政評価に相当するものである。
3 http://icma.org/en/results/center_for_performance_measurement/home

第1部

特別対談

山田啓二
（京都府知事）

×

増田寛也
（京都府立大学客員教授・元総務大臣）

京都府立大学府民公開講座

（平成25年11月2日）

【講演】

地域の再生、日本の再生

京都府知事　山田　啓二

1　府政運営の基本

　本日は、「地域の再生、日本の再生」というタイトルで、京都府知事として、私が何を考え、どういうことを進めているのかをお話しさせていただきたいと思います。
　私は、府政運営の基本として、府民安心の再構築、地域共生の実現、京都力の発揮の三つを大きく掲げています。まず、「府民安心の再構築」は防災から雇用まで多岐にわたっていますが、その中で理念として分かりやすい取組として、ジョブパークにおける就労支援があります。ジョブパークには、ハローワークも入っていますが、それだけではなく、京都市などの市町村や京都

経営者協会、労働組合も連携して共同運営しており、つまりオール京都で就労支援を行っているこのような体制づくりこそが安心の再構築の基本です。

次に、「地域共生の実現」のために、地域力再生プロジェクトという取組を京都府では、全国でも珍しい取組であり、NPOや町内会、自治会が地域で頑張っている取組を京都府が応援しようということで、今までに約3000事業、12億円の実績があり、地域の新しい活性化や福祉の活動の芽を育んでいます。

府民提案の公共事業

● 府民公募型整備事業（H21～ これまでに8,300件を超える応募があり、採択件数は5,500件以上）
府民から身近な改善箇所を公募し、地域や市町村からの要望とともに、事業箇所を決定する府民参加型の新しい公共事業

事業例

 歩道が無い道路で側溝蓋の改修と柵を設置

● 地域主導型公共事業（H24～ H24:9件 H25:5件）
地域（自治会等の地域団体）がまちづくりにつながる公共事業を提案し、地域、市町村、府が一体となって事業実施

● 公共空間活用推進事業（地域普請制度）（H23～ H23:6件 H24:9件）
「府民公募型整備事業」をさらに一歩進め、行政が管理する道路や河川、公共施設などの「公共空間」を地域住民をはじめ多様な主体が一体的に整備・活用

また、府民公募型整備事業として、府民の皆さんからの提案を受けて、それを実施する取組があります。地域からまちづくりにつながる公共事業を提案し、それを地域・市町村・府が一体となって実施する地域主導型公共事業や、行政が管理する公共空間を、地域をはじめ多様な主体が一体的に整備・活用する公共空間活用推進事業というのも創りました。全て住民参加のもとで、色々な公共事業を協働で進めていこうということです。

府民公募型整備事業を創ったときに、京都府内の小・中学校の校長先生を集めて「こういう事業がで

きたので、各学校の通学路を点検して、危険な場所があれば、是非とも提案してください。我々もパトロールはしていますが、学校・PTAのどちらでもよいので、全部は網羅できません。もし事故が起きたときに提案していなければ、我々も悪いけれども、あなた方にも問題がありますよ。」と申し上げました。その結果、毎年1500件以上の提案があり、これまでに8300件を超えました。そのうちの5500件以上を平成25年度までに採択しています。

農山村地域の再生では、里の仕事人として、府の職員16人が、44の過疎化・高齢化の進む地域に入り、明日の「京都村」づくり事業とともに頑張っています。モデルフォレスト運動という森林を守る運動も、京都の中で38の企業やボランティア等が集まって取り組んでおられます。「京都力の発揮」では、府・市・経済界・大学が一体となって、産学公で産業の振興に取り組んでいます。

それでは、なぜ、こういった住民参加や京都の力を生かすためのオール京都による取組を一所懸命に行っているのか、今日はまず、その理由をお話ししたいと思います。

2　地域の再生のための取組

その理由のひとつは、時代が大きく変わり、私たちがこれまで経験したことのないような社会に、今、突入しつつあるからです。これまで取り組んできたことが、効果があるのかどうか、ということを全て検証しなければならないような新しい時代に入っているのです。

【講演】 地域の再生、日本の再生（山田　啓二）

山田啓二京都府知事

今年は、2020年東京オリンピック・パラリンピックの開催が決定した記念すべき年になりましたが、昭和39年の前回の東京オリンピックのときには、0～14歳の子どもが全国に2500万人ぐらいいました。

今、子どもたちの数がどのくらいかと言いますと、1639万人です。団塊の世代が子どもの頃の日本と比べると、約4割減っています。明治41年では1697万人ですから、今は明治の終わり頃の子どもの数になっているのです。

一方、明治41年の65歳以上の人口は全国で260万人で、ちょうど今の京都府の人口と同じぐらいであったのが、今は3190万人になっているのです。そして、今の大学生の皆さんが一番活躍する2040年には、子どもの数は1073万人、働く人の数は5787万人、65歳以上の人口は3868万人になります。

こんな時代は誰も経験したことがありません。今は稼働年齢と言われる、15～64歳までの7900万人が働いて日本の経済を一所懸命支えています。あと27年経つと、皆さんは7900万人分の仕事を5700万人で行わなければなりません。そして、65歳以上の人は3868万人もいるのです。私が1歳のときの昭和30年には、5473万人で475万人を、つまり10人以上で65歳以上1人を支えていたのです。それに対し

て、5787万人が3868万人の高齢者を支えることになり、1・5人に1人なので大変です。しかも子どもが1073万人です。

京都府も子育て支援など色々と取り組んでいますが、京都府の合計特殊出生率は、2年連続で下がっています。ただ、京都市を含むと東京に次いで全国で低い方から2番目になってしまいは全国平均ぐらいですが、京都市を除いた京都府域でみると出生率ます。この5年間は団塊ジュニアが子どもを産む時代であったはずなのに、期待したほど出生率は上がっていません。

昔から行政が標準的に考えていた家庭・家族とは、夫婦と子どもが1～2人いるというものです。ところが、今、そういう家庭・家族は少数派で、1～2人世帯が圧倒的に多くなってしまいました。

このような状況が、我々がかつて経験したことのない時代です。

現在、結婚する人が減り、生涯未婚率もどんどん上がっています。しかも、結婚年齢もどんどん遅くなり、晩婚化が進むと不妊率が高くなります。今年7月の全国知事会議で、山形県の吉村知事と滋賀県の嘉田知事の2人の女性知事がこの問題をかなり強く主張されました。今までは、女性は一定のキャリアを積んでから出産する場合が多いのですが、それでは妊娠ができなくなる可能性が高くなってしまうというのです。ですから、若い人たちに晩婚化が不妊率を高めているという科学的な統計を教え、若いうちに結婚し、出産してからキャリアを積むというようなライフプランを教えるべきだと主張されました。

15 【講演】 地域の再生、日本の再生（山田　啓二）

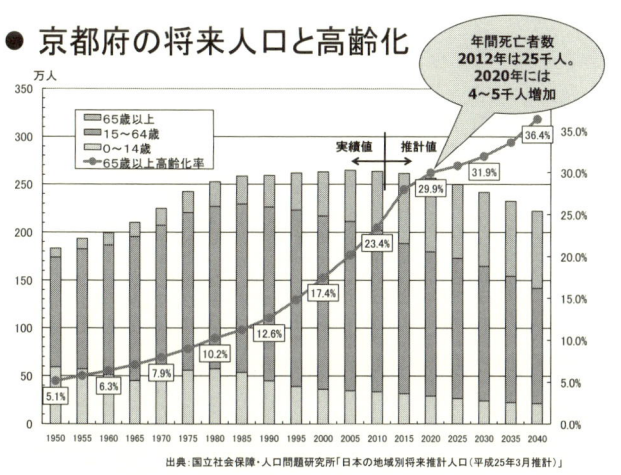

● 京都府の将来人口と高齢化

出典：国立社会保障・人口問題研究所「日本の地域別将来推計人口（平成25年3月推計）」

高齢化については、京都府では、２０４０年には３人に１人が65歳以上になり、こうなると全てが変わります。これまでの医療とは、がん治療などの高度医療が中心で、患者に高度専門的な医療を行うために、府立医科大学附属病院を整備し、最先端の医療を導入してきました。しかし、65歳以上の人口が３人に１人の状況になると、何となく体のどこかが悪いのは当たり前の時代となり、そうなると、医療だけでは対応できなくなります。例えば、病気になると、その後リハビリが必要になります。けれども、腰が立たなくなり、今度は介護を受け、介護を受けていてもしばらくして動けなくなってしまうと、次は福祉に頼ることになります。

こうしたことから、医療と介護と福祉の間に継ぎ目をつくっては駄目なのです。今の日本は、医療と介護と福祉が一体化しておらず、悲しい状態にあります。病気で入院した後、家に帰れるまで回復しても在宅で十分な治療が受けられない場合は、なかなか退院できないこととなります。また、退院できたとしても、家族も大変だということで介護施設に入

ります。しばらくして、良くなり、家に戻ろうと思っても、介護施設の入所希望者が多く、一度家に戻れば、また施設に戻ってこられるかどうか分かりません。もう家に帰らずに、この施設にずっといようかとなってしまいます。ですから、多くの人が在宅で治療を受けたい、介護を受けたいと思っているのに、残念ながら在宅ではいられなくなってしまうのです。それは、医療は医療、介護は介護、福祉は福祉と全部ばらばらで、横の連携がなく、総合的なケア体制がないからです。これを総合的に連携しようというのが地域包括ケアです。けれども、残念ながらこれはまだ十分には機能していません。

あと10年経つと、京都府で亡くなる人が年間5000人も増えるのです。つまり、阪神・淡路大震災で亡くなった人と同じぐらいの数が、毎年死者として増えます。この人たちはどこで亡くなるのでしょうか。今、約8割の人は病院や施設で亡くなり、在宅で亡くなる人は本当にわずかになりました。では、亡くなる人が5000人増えるから、在宅で死を望んでいる人が多いにもかかわらず、その8割の4000の病室を10年間で増やすことができるのでしょうか。非常に厳しい数字です。

こうした状況を脱しなければならないというのが、今、私たち行政の一番大きな課題です。そのためには、成長していくことによって、少子高齢化に対する対策を講じていかなければなりません。

さらに、こうした社会保障だけでは未来のプランは立ちません。そこで、京都市長や京都大学総長や京都商工会議所会頭など、京都のトップリーダーと呼ばれる人が集まって、京都の未来を

考える懇話会をつくり、そして、「世界交流首都・京都」という提案をしました。これは、もっと京都に人を呼び込み、人が交わるような京都をつくろうではないかというものです。こういうビジョンをつくると、通常は箱物をつくるといったプランが出てきますが、これはそうではありません。私たち京都は、人と人との交流、産業や文化の交流を創り出し、日本中、世界中から人を集めるのです。観光客も来れば、ビジネスマンも、学生も来る。文化の交流でも人が来る。それによって地域の活性化を果たさなければ、このままでは京都はどうしようもなくなって衰退し、そして遺跡になってしまうという危機感からです。

3 国の再生も交流から

増田先生が岩手県知事になられた頃に、「改革派知事」という言葉が出てきました。今はどちらかというと成長志向、成長戦略志向の「成長派知事」が多くなりましたが、バブルの崩壊後、今までのような首長、つまり、国からの補助金を増やす、様々な施設を誘致してくる、福祉が向上する、といったお任せ型の行政では駄目になってしまいました。置かれた現状を住民に周知し、しっかりと見ていただき、その中で効果的な行政をしましょうというのが、改革派知事と呼ばれた人たちの出現の大きな基礎です。

ですから、改革派知事の人たちが最初に手がけたのは、情報公開です。現状について情報公開を行い、その中で効果的な行政を行ってきました。それが、今は、「このまま改革を続けていても、

状況は良くならない。成長させるものを出していかなければ地域が衰退し、滅んでしまう。」といった背景のもとで、「成長していくためにはどうすればよいか」と戦略を考える成長派知事が多くなりました。

その成長戦略を考えるときに一番必要なのは何でしょうか。私たちは、全国知事会で「日本再生デザイン」というビジョンをとりまとめ、グランドデザインを提案しました。その中に、自己決定と責任を持つ、21世紀型の「地方自立自治体」をつくろうではないかという提言があります。これまでの国から分けてもらう分権型ではなく、自分で選択・決定できる自立型にならない限り、日本の再生はないだろうということです。地方の自立を最初に言われたのは増田先生で、「地方政府」という言い方をされました。全国知事会の日本再生デザインでは、地方自立自治体と表現しています。

成長戦略により、どうやって元気な地域をつくるか。そのためには、人に頼っていては駄目です。自分たちの地域を、自分たちが参画して、自分たちで元気にしようという努力を全員がしなければなりません。一人の知事や市町村長は、結局は、笛を吹くだけです。笛を吹いたときに、皆さんが付いてきてくれるかどうか、ここが一番大きな問題です。たった300万人の公務員だけの力では世の中は変わりません。人口は8000万人に減ってしまうかもしれないけれど、全員で力を合わせれば今までにないものができるという時代を創らない限り、私たちの京都、日本は良くなりません。

そして、地域と地域を結ぶ大きな交流をしていくことが必要です。東京一極集中で元気になる

ような日本ではないのです。道州制の議論がありますが、形だけ変えても中身がなければうまくいくものではありません。サッカーでは、フォーメーションが良ければ強くなるわけではなく、個々の人間が連動してパスをうまく回さないと勝てないのです。ですから、それぞれの地域が交流し、圏域で力を合わせるために関西広域連合という大きな交流圏をつくったのです。

そして、その上に安心・安全のための新たな国土軸が必要です。南海トラフ巨大地震が発生し、太平洋側が大きな被害を受けたとき、日本海側が支えなければ、日本は駄目になります。東日本大震災のときに活躍したのは、実は新潟県でした。なぜ新潟県かと思われるでしょう。地震が発生した後に、新潟県から天然ガス・都市ガスがいち早く仙台に送られたのです。新潟から仙台に通じるガスのパイプラインが設置されており、新潟からガスを送ることができたことが、仙台の復興に役立ちました。本州で日本海側から太平洋側に伸びているパイプラインは、新潟からが唯一ですので、南海トラフ巨大地震が起き、大阪港も神戸港も駄目になってしまった場合に、エネルギーをどのように供給するのか。舞鶴港や敦賀港まで運んでこれても、そのガスを運ぶことができません。ものすごく弱い構造になっているのです。こういった課題について、新たな国土軸をつくり直し、その上に国と地方の力を結集しなければならないのです。

そして、これからの国に一番必要なのは、国民の皆さん・住民の皆さんにワンストップのサービスを提供できるような仕組みです。地方分権というものが役割分担を強調するあまり、国が都道府県に権限を渡すと、国は知らん顔、都道府県が市町村に権限を渡すと、都道府県は知らん顔

をするという非常に悲しい現実があります。けれども、これで済むような時代ではありません。例えば、就労支援について、ハローワークが全国の就労情報を集め、それを都道府県や市町村の皆さんに提供する。そして、市町村も加わり、福祉と就労支援を一体化させていく。このように、働きたい人を中心に置いて、国や都道府県や市町村が力を合わせるといったワンストップのサービスを実現しなければならないのです。

リーマンショックのときに、「派遣切り」「雇い止め」が起きました。会社の寮に入っていた派遣の人たちは、派遣切りに遭うと「寮を出てください」と言われるのですが、そういう人たちが仕事を探そうとハローワークに行っても、「住所がないと仕事は紹介できない」ということで、福祉に行ってください」と言われる。福祉に行くと、収入も貯金も住むところもないということで、生活保護、ということになるのです。生活保護の受給者になると、生活費や住居費は支給され、医療費も無料になります。そして、生活費や住居費、医療費などが賄えるだけの収入が得られる仕事がなかなか見つからないので、長い間生活保護の受給者となり、結果、働ける人が働くことの難しい社会をつくってしまったのです。国と市町村で就労支援と福祉がばらばらに行われているからこんな結果になるのです。

こういったワンストップの仕組みをつくらないと、今までの終身雇用制の時代が崩れ、色々な溝ができている時代に対応できません。「私は国ですから」「私は都道府県ですから」「私は市町村ですから」と言って対応できるような甘い時代ではないのです。財源についても、今や国は税収よりも借金の方が多い中で、地方分権だから地方に財源を移譲してくれと言っても、ついでに

借金も持っていってくださいと言われるだけです。財源と権限を移譲してもらえれば良いという時代は終わってしまったのです。

ですから、私たちは国と地方の共同国家という新しいシステムをつくっていかなければなりません。そして、それは、住民を中心とし、住民が選択できるシステムとしなければなりません。教育委員会制度について、教育行政の責任者は誰なのか、住民が選択できるシステムをつくるのかという議論がなされています。そして、その責任者がきちんとものを言える体制をどうつくるのかという議論がなされています。首長に責任をという意見や、教育長に責任を負わせるという意見もありますが、私は教育行政の責任者を誰にするかは、国に決めてもらうのではなく、住民が選択できるようにすればいいと思います。住民の皆さんが参加して自立自治体をつくろうではないかと言っているのに、誰かに決めてもらっている限りは、まだまだ甘いのではないでしょうか。このことがこれからの日本を再生する上で一番重要なことだと思います。

首長や公務員に任せられるような時代が終わった今、一人一人が地域を良くするために立ち上がっていかないと、この時代は乗り切れません。そういう時代が来ているからこそ、私は地域力再生プロジェクトや府民公募型整備事業などの様々な事業に取り組んでいるわけです。日本の未来や京都の未来をつくるために、一人一人の人間が自分の未来に責任を持って立ち上がっていかなければ、この国は大変なことになるということを、是非とも皆さんにご理解いただきたいと思います。決して責任逃れをする気はありません。そのために、京都府政も今、全力を挙げていきたいということを最後に申し上げまして、私の講義を終えさせていただきます。ご清聴ありがとうございました。

【対談】

地方自治の真価

山田 啓二（京都府知事）

×

増田 寛也（京都府立大学客員教授・元総務大臣）

増田 私は、岩手県知事を3期12年務め、全国知事会などで山田知事と一緒に行動していました。私の方が早く知事を辞め、その後1年ほど総務大臣を務め、退任後、京都府立大学からお誘いがありまして、今、地方自治論の授業を担当しています。山田知事のお話を聴いていて、非常に整理されていて大変勉強になりました。団塊ジュニアとは、一般的には1971～1974年（昭和46～49年）に生まれた人たちのことを指していて、そこが戦後の二つ目の人口の塊です。昭和49年に生まれた人は、今39歳になっています。40代になってからの高齢出産をされる方も、10代で出産される方もいますが、出産する女性の95％が20～30代ですから、20～30代

の女性の人たちの数が減ってしまうと全体の人口が減っていきます。

出生率は、日本全体では２００５年が１・２６、政府も京都府のように一所懸命少子化対策をやって、少し回復して１・４１になっています。出生率を上げることは間違いなく必要なことですから、京都府のような少子化対策を一つ一つ丹念にやっていく必要があります。それでも心配なことは、出生率をどんどん上げていっても、前は女性１００人が出生率２・００以上で出産していたのが、そのうち子どもを産む女性の数が５０人、４０人と激減していきます。こうなると出生率をいくら高めても、日本の人口はどんどん坂を転げ落ちるように減っていく形になってきています。

本当はもっと早く対策を講じていれば良かったのですが、今、京都府を含め、日本海側は特に人口減少が激しいと思います。岩手県の多くのところも、みんなそういう形になっています。限界集落という言葉はあまり使いたくないのですが、やがて限界集落が限界市町村になって、恐らく結局消え去らざるを得ない市町村も出てくるでしょう。そういうことになる前に色々手を打たなければいけません。地方都市からどんどん消えてなくなろうとしています。

先ほど知事が、病院から介護まで地域包括ケアまで、在宅までずっと一貫した形をつくらなければいけないとおっしゃっていました。私は病院とことん医療などと言っているのですが、病院に入ったら徹底的に治療して治すというところから、慢性期、リハビリも含めてもっと病気とうまく付き合いっていきながら、やがて介護というように、医療と介護の境目をなくして全体として高齢の方々を看ていく必要があると考えます。

私は6年前に知事を辞めています。当時、確かに改革派知事という名称がありましたが、改革して、それでまた行政を良くしていこうということだけでは済まなくなってきたのです。「税金の無駄遣いをやめましょう」「職員数を減らしましょう」などと言っていても、ぼろぼろと地域の力がなくなってきては駄目ていくネタを入れておくと、そこからもう一度地域が良くなっていく。豊かさを府民の皆さん方に感じてもらうためにも、それが必要です。それが住民参加だということだったと思います。

そこで、ここからは二人の対談という形で、会場の皆さんを代表して私の方から、山田知事に質問しながら、進めていこうと思います。地方分権が始まって20年。1993年に国会の両院で分権を進めていこうという決議がなされたのがスタートです。その20年の中で、今、知事が最後にお話しされたような府が独自に取り組める範囲が狭かったり、できなかったと思うのです。それではいけないという思いで分権といううことが言われてきました。その過程の中で、改革や成長といった変遷があったのだと思います。

その中で、山田知事もずっとこの問題に関わってきました。47人をまとめて地方政府の代表として、この問題を考える上での最有力の知事会長ですから地方分権が府の行政をするうえでなぜ必要なのかということ、20年進められてきた分権の歴史を振り返って、今どう評価されておられるかというあたりからお聴きしていこうと思います。

山田　私も20年ずっとこの世界でやってまいりました。20年前、私は内閣法制局で地方分権推

増田 進法の制定に携わったのを今でも覚えていると感じています。特に権限移譲などの面では、着実に進みました。その中で、地方自身が、自分たちで主体的に取り組んでいかなければならないという考え方を持つに至った20年であり、成長してきた20年だと思います。

同時に、今、いよいよ大きな転換期を迎えているのではないかと思っています。一番端的な例は、財源の移譲です。地方の財源は、国からの補助金、交付金、地方交付税、借入金の四つが大きな柱です。20年間通して一所懸命言ってきたのは財源の移譲だったわけです。我々は自主財源を持ちたいということを念願してきました。よく地方の支出が6、国の支出が4なのに、地方の歳入は4で国の歳入は6ではないかと言われているように、この逆転が地方分権を妨げていると訴えてきました。

ただ、今、非常に難しい問題に直面しているのは、消費税の税率引上げの問題です。分捕り合戦と言うと聞こえは悪いですが、消費税率を5%から10%に引き上げるに当たって、国と地方での配分を議論しました。その結果、地方が1・54%、国が3・46%という配分になったのですが、これを実施すると税収の多くが東京都に集中してしまうのです。

山田 なるほど。財源も東京都に一極集中する。

増田 増田先生も知事として関われた住民税3兆円の税源移譲のときも、東京が一番増収に

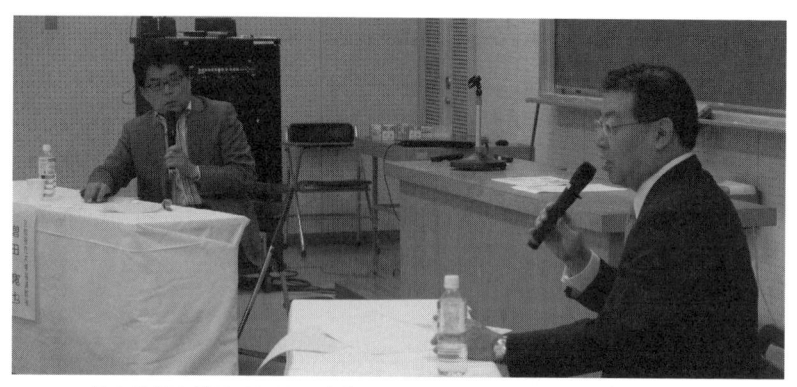

地方分権を進めるには、政策による国土構造の変革が必要（山田）

なりました。今、東京オリンピックを開催できるのは、そのときに基幹税の住民税を3兆円、国の所得税から個人住民税に移したからです。税源移譲により一番増収になったのが東京都で、それが東京オリンピックの財源の大きな部分なのです。自主財源を増やそうとすると偏在性が拡大してしまいますから、地方でどんどん人口が減っても東京は元気ですから、さらに偏在性が拡大しているのです。ですから、東京一極集中という問題に手を入れない限り、財源問題にはほとんど手を入れられなくなってしまうのです。

そういった地域の二分性が出てくる中で、地方分権や規制緩和を声高に叫んでいるのは大都市です。東京や愛知や大阪といった大都市が、特区や規制緩和を一所懸命叫んでいます。規制緩和というのは一種の弱肉強食ですから、強い者を伸ばさなければならない日本になっているのは事実ですが、それだけでは、他の地域は単に強い者に食われるだけの地域になってしまいます。こういうときに国土政策というものが必

要になってきます。地方分権を進めようと思えば、政策による国土構造の変革が必要になってくるのです。

今までは単純に「地方に財源と権限を」と言っていましたが、偏在性が生まれてくる中で地方分権を進めようとすると国土政策が必要になってくる。または、国の方で国税として吸い上げて分配しなければいけないというような逆流現象が起きてくる。これをどう整理するかというのが、地方分権20年目を迎えた私たちの大きな課題だと思っています。

増田 ありがとうございました。今の知事の話で、せっかく地方が自立するために財源を地方に移していこうとしても、結局は東京都に財源が集まるという大きな問題が出てきました。京都は多分ないと思うのですが、関西経済連合会に加盟している企業の本社機能は、どんどん東京の方に移っているのです。本社機能が移ると、そちらの方で税金を納税するので、結局、東京都の方が税収を多く取るような形になります。私は、なぜ大手町や丸の内という地価の高いところに本社機能を移すのかと思います。外国を見ると、立派な大手企業ほど地方できちんと活動していて、マンハッタンの中にアメリカの上場企業はほとんどないのです。今は情報を集めるのも、地方でも全く不自由ないはずなので、日本だけがなぜ首都に集中していっているのか、そこを直さないと、自治体の財源が偏在しているという問題を直せないということなのだと思います。ですから、今、知事が国土政策をきちんと考えなければいけないというのは、まさにそこの点をご指摘されたのだと思いました。

府という広域自治体が、これほど府民参加を強調されるのは興味深い（増田）

その上で、知事のお話の中でものすごく興味深かったのは、色々な場面で住民参加や市民参加を大変強調しておられたところです。例えば府民提案の公共事業というのはあまり聴いたことがないのですが、事業の提案がいっぱい挙がってさばききれないのではないかと思って聴いていましたが、どうもそのあたりをうまく交通整理されているようです。府民提案の公共事業は、普通は税金を持っている方が配分する、つまり京都府庁の公務員が決めてしまうのですが、府民の皆さんからアイデアをもらうということで、住民参加を大変強調しておられました。このあたりは、これからの成長のネタを持たなければいけない。しかも市民も参加するだけではなく、実際に意見を言わなければならない。それは行政の「ここをこうしてくれ」「ああしてくれ」ということではなくて、一緒に動くということで、最後は府と府民が一緒にやらないときちんとしたものができないということを言っておられました。

それと、府という存在です。京都市はより市民に近い自治体ですが、府という広域自治体として、しかし一方で府民参

山田 二つの面があると思います。一つの面は、都道府県というのは広域的行政だから住民から遠いのだと言い訳のようにずっと語られてきたのですが、まとめな行政ができるのかということです。住民から遠くて、国から来る通達をそのまま流しておけばいいのではないか、国の基準に従っていればいいのではないかと言っていては、地方分権や地方自立を目指すということとは真逆になってしまいます。ですから、都道府県が率先して住民参加を進めていくということが、実は地方自立自治体をつくっていく上で大きな役割を果たすのではないか。そして、それによって職員も意識改革をしていかなければいけません。道路一つ造るにも、住民の皆さんからの提案を踏まえれば、これによって地域との密着度が高まります。そしてて、実際は広域的な行政ではなく、広域的な住民行政を担っているのです。ここをきちんともう一回踏まえなければ、京都府政の充実はないのではないかというのがまず一点です。

もう一つの面は、世の中が大きく変わってきたことです。この府民公募型整備事業の取組で一番感心したのは、例えば、地域の住民から「ガードレールが壊れているよ」「この川が堆積してしまって大変ですよ」という報告が出てくるのですが、今はスマートフォンで写真を撮って、G

加をこれだけ強調されているところに、知事なりのお考えがあるのではないでしょうか。また、府民参加を進めていく上では、府は市町より少し遠い存在だけにご苦労がおありではないかと思うのですが、これだけ何度も府民参加ということをおっしゃっている理由と、実際にそれを活動にどう結び付けていかれるのかという点についてお話ししていただければと思います。

都道府県が率先して住民参加を進めていく（山田）

ＰＳ機能を使ってＧｏｏｇｌｅの地図に落として、そのまま提出しているわけです。昔はカメラで撮ったものをいちいちカメラ店に持っていって現像してもらわないといけませんでした。そして、地図を買ってきて地図上に自分で落とし込まないといけなかったのです。今はその機能が全て一つのものに入っています。住民からの情報で、あっという間に8000件のデータによる立派な資料ができます。これが今の時代なのです。

このような形で、住民の皆さんに参加してもらうのです。私はこの事業をはじめるときに三つの疑問を言われました。一つ目は、たくさん提案が出てきた場合はどうするのか。二つ目は、府民はどれが府の管理する道路、河川かどうかが分からないのではないか。三つ目は、そういう案件は府や市町村の議員の役割ではないか。

一つ目の問いに対しては、たくさん提案が出されたということは、要するに京都府の行政が悪いのだから、それは素直に反省するというだけの話です。二つ目の府の管理施設かどうかが分からないのは、京都府が分かりにくくしているので

あれば、府が悪いのです。ですから、京都府のホームページに、ここが府の管理河川、ここが市町村の管理河川と分かるように示して、「後は皆さん見て、ご自身で判断してください」と言ったら、最初は心配したけれども、それほどでもありませんでした。三つ目の問いに対しては、議員の皆さんには、「住民の皆さんとのパイプ役になってください」というお願いをしました。実は、最初、府議会の方から「これは非常に問題がある。知事のパフォーマンスだ。人気取り施策だろう。」と言われたのですが、今は議会の方から継続要望が出るようになりました。そうしたことから考えると、住民の皆さんとの新しい関係ができあがってきたというところが大きな効果だと思います。

増田 今のお話は、住民から遠い存在である府だからこそ住民参加が必要だということと、実に今、世の中の色々な技術的な面も含めた進歩によって、実際に考えたことが実行できるということ。昔ですと、職員も現場をいちいち見にいくのはコストがかかるから大変ですという話もあったのかも知れませんが、今はほとんど負担なくできるということだったと思います。

私からは二つお聞きしました。財源の偏在の問題は地域でも努力しなければいけないが、新たな国土政策が必要ということと、住民参加ということでこれから色々な提案をしていけば、また新しい京都府づくりができるということを確認しました。

最後に、本日、たくさんの学生の皆さんに参加いただいていますので、彼らの将来に贈る言葉をお願いします。

山田 今日はこういう形で講義をさせていただきましたが、皆さんに分かっていただきたいのは、未来は絶望的なものではなく、変えられるということです。今言った予測などは、私は変えられると思っています。現に、色々変えている国もあります。

例えば出生率の問題は、フランスは解決しました。その解決の仕方は三点です。一点目は移民、二点目は結婚制度の変革、三点目は子どもに対する徹底した無料化です。これがそのまま日本に当てはまるかどうかは分かりませんが、未来は変えられるのです。メタンハイドレートのような新しい資源が活用できるようになるかもしれません。メタンハイドレートがありませんが、成功するかもしれません。シェールガスは採掘手段を発見するまでに20～30年かかっていますが、それによって今、エネルギー革命になっています。もしかしたらメタンハイドレートも日本にエネルギー革命を起こして、日本海側がカタールやブルネイのようになるかもしれません。

京都府では、和食のユネスコ無形文化遺産登録を目指しています。多分12月には登録されるでしょう。それを契機に、世界中から和食の料理人を目指す人たちが、この京都に集まってくるかもしれません。同じように、京都の文化や力を発信していけば、どんどん人が集まってくるかもしれません。京都には、iPS細胞の研究という力もあります。未来は変えられるのです。そして、未来を変えるのは、皆さんなのです。今後、まさに皆さんの時代が来ます。そして、私ども が出した予測を是非とも覆して、元気のある京都をつくっていただきたいということを申し上げて、今日の私の締めの言葉とさせていただきます。ありがとうございました。

第2部
住民満足度につながるもうひとつの「行革」

第1節　京都府内市町村の行財政改革の現状と課題

中越　豊（京都府総務部自治振興課　市町村行革担当課長）

1　30年前に出された宿題　～安定成長の哲学「多様と分権」の実践～

私の執務室内の書類棚の裏側は、地方行財政制度に関する過去の様々な実務上の質疑応答や書籍など情報の宝庫である。偶然、「地方の時代　実践シリーズ1　自治体における行政改革」という本を見つけた。今から30年余前、めざしの土光さんで有名な第二次臨時行政調査会が一次答申をまとめた直後の昭和57年に刊行されたものだ。

巻頭の宮澤弘氏（当時の前広島県知事）と磯村英一氏（当時の東洋大学学長）との対談では、高度経済成長時代の哲学であった「画一と集権」が綻び出してきたことから、次なる時代、安定成長時代の哲学は「多様と分権」であると提唱されている。そして地域の個性が求められる時代に入り、「国・地方を通ずる行政改革」が必要であり、「タテ割りの総合化、分権化」、「肥大化した行政を改めて市民的なものに」すること、「国庫補助金の改革こそ行革の基本」であると力強く主

これらは「今日においてもなお未解決。」といわざるを得ない課題であろう。その後の社会経済情勢の変化の中で、地方分権改革や行財政改革の脈略から様々な取組が行われてきたが、「何のために行政はあるのか」を問いつつ、永久運動として実践を積み重ね、内実を高め続けるべきものともいえよう。安定成長の哲学「多様と分権」が提唱されてきたこの30年間の京都府内市町村行財政の変化とともに、これまでの取組を振り返りつつ、これからの社会のありようを展望して、足下からいかに取り組んでいけばいいのかを考えてみたい。

2 京都府内市町村行財政の30年間の変化と課題

(1) 人口構造

人口はほぼ横ばいで推移していきているが、家族が離散し、高齢者世代が増加するなど世帯数は約1.3倍に増加（一世帯あたり人数は2.9人から2.2人に減少）し、家族による自助の力は弱まってきている。さらに高齢化率は倍増、15歳未満比率は半減してきており、今後、さらにこの傾向が強まっていくことが見込まれる。

(2) 行政体制

人口増加や合併に伴う市制移行により市の数は11から15に増加し、町村の数は33から11に減少

京都府内市町村の30年間の変化

	昭和57年(a)	平成4年	平成14年	平成24年(b)	(b)/(a)
人口（住基）	2,525,502	2,541,902	2,563,344	2,542,740	1.01
世帯数（住基）	866,169	914,787	1,024,173	1,132,893	1.31
一世帯あたり人数	2.92	2.78	2.50	2.24	0.77
高齢化率（直近国調）	10.2%	12.6%	17.4%	23.0%	2.25
15歳未満比率(直近国調)	23.5%	17.2%	13.6%	12.7%	0.54
市の数	11	11	12	15	1.36
町村の数	33	33	32	11	0.33
議員数	998	991	928	601	0.60
職員数	32,267	32,159	30,389	25,071	0.78
うち一般行政職員数	16,538	13,670	11,990	11,173	0.68
人件費	142,057	215,426	235,058	200,052	1.41
扶助費	91,713	111,328	153,907	274,345	2.99
公債費	62,093	99,378	145,809	137,770	2.22
物件費	46,882	79,350	108,220	103,630	2.21
補助費等	52,795	88,886	111,278	105,261	1.99
普通建設事業費	147,953	282,047	179,753	113,655	0.77
歳出総額	621,437	1,074,694	1,101,617	1,204,618	1.94
積立金残高	33,142	139,049	130,974	113,080	3.41
地方債残高	191,049	313,338	476,665	480,750	2.52

※決算数値（単位：百万円）

した。これらの影響に加え、各市町村における行政改革の取組を経て、議員数は約40％減少し601名に、職員数は約22％減少し約2万5千人となった。

時代の変化に適応する中で、情報化の進展や業務プロセスの見直し等による効率化が図られるとともに、これまで経験したことがないような新たな課題へも的確に対応していくため、住民との協働や創意工夫を重ねつつ、行政が直接担うべき業務、関与の見直しや人材育成などの取組が進められている。

(3) 財政状況

少子高齢化など社会の変化に対応するため、社会保障関連経費を中心とする扶助費が約3倍となり、今後もさらなる増大が見込まれる。一方、普通建設事業経費については、かつての水準よりも低下してきているものの、今後、老朽化してくる施設の整備や時代の変化に適応した再配置、利活用のあり方など、住民合意の下、中長期的な視点からの取組が求められている。

3 京都府内市町村の行財政改革の動き

(1) 国の要請を受けた取組

いわゆるバブル崩壊以降、総務省（自治省）が地方自治体に発出した地方行革に関する通知は、平成6年、9年、17年及び18年の4回に及び、その都度、事務事業や組織の見直し、定員・給与の適正化等が要請された。とりわけ平成17年通知では、5年間を集中取組期間とする「集中改革プラン」の作成を全地方自治体に要請し、数値目標を定めて定員削減に取り組むよう求めた。京都府内市町村においては、平成17年度から平成22年度の短期間に全体として目標の7.9％を上回る8.9％の定員削減が行われ、25.1％もの大幅な削減を行った市町村もあった。期間終了後もさらなる削減を行っている市町村もあるが、これ以上の定数削減は限界に近づいている市町村が多くなってきている。

(2) 行政運営上の変化と対応

この間、それぞれの市町村の実情に応じて、職員総数を削減しつつも独自施策を推進するため、組織の充実強化（増員・専門分化）を図ったり、ICTやアウトソーシングの導入による業務の効率化や非常勤職員の雇用などを行ってきている。このように業務の実施方法や職場環境が大きく変化してきているほか、団塊世代の大量退職に伴い若手職員が増加してきており、専門知識や業務ノウハウの習得・継承が課題となってきている。これらの課題を乗り越えるため、施策の効果と人的・財政的コストのバランスを常に意識しつつ、「一律に削減するだけの「行革」」を超えて、仕事の質を高めて、やりがいのある創造的な行政を展開し、住民満足を高めていく、新たな行政運営スタイルを実現していくことが求められている。

4　府内市町村の創意工夫ある取組

歳出削減や定数削減などを中心とする「量の行革」から職員の高い使命感とモチベーションに基づき住民価値の実現を志向する「質の行革」へ、新たな行政スタイルを実現していくため、試行錯誤を重ねつつ進化中のものや、漢方薬のように体質変化への効果が現れるにはじわじわと時間のかかるものもあるが、それぞれの地域課題への対応や組織文化を踏まえた取組がはじめに芽生えつつある。これからの行革の鍵を握る以下の4つの視点から、府内市町村の取組を紹介したい。（※

ヒアリングや調査により把握した各市町村の取組のエッセンスを筆者がくみ取って編集したものであり、複数の市町村の取組を組み合わせた記述もあることを予めお断りしておく。）

(1) 行政の役割を再定義して地域社会における行政事務の最適化を進める取組

■ 首長が明確な方針を示し、庁内横断的な体制を整え、公共施設毎の利用状況等の現状と課題を明らかにするとともに、住民意見の募集や外部委員の意見を得つつ、どの地域にどのような機能が今後必要かという観点からの検討や、地域のニーズを踏まえた今後の活用方策・計画的改修等についての検討に取り組む。

■ 有識者や市民を交えた公開の場で施策を議論・評価し、今後のあり方の提言を行う。

■ 組織方針に基づき、組織の目標や課題の共有を図り、職員が目標を掲げて主体的・挑戦的に業務に取り組み、PDCAサイクルを展開して組織全体として目標の達成を目指す。

■ 若手職員を対象として業務を遂行する上で必要な基礎知識や幅広い見識を身につけ、視野の拡大及び教養を高め政策能力を養成するための養成課程を設け、1年目は教養課程として講演形式の講座を実施、2年目は部長職が教授となりゼミ形式の講座を実施。

■ 各課の中堅職員により財政健全化に向けた検討会を開催し全庁連携した取組を推進。

■ 若手・中堅職員を中心とした組織横断的な庁内勉強会を立ち上げ、全庁的な課題や単独では対処しづらい課題の解決に向けて取り組む。

■ 市役所が目指す組織像と職員像をロビーに掲示し、市民からの意見を募集。

- 部長が市長と協議して部内各課の執行目標を設定し、スケジュール管理を徹底しながら目標達成に取り組む。
- 「職員みんなで取り組む」「わかりやすい」行財政改革に向けて、「行革通信」を配信。
- 現地現場主義を取り入れ、通常の予算とは別に、職員提案による事業を予算化し、市民サービスの向上と職員の成功体験によるボトムアップを図る。
- 議会が主体となって、各定例会ごとに、自治会単位で議会報告と意見交換会を開催

(2) 行政の質の向上や適正化を進める取組

- 債権管理の適正化のため、横断的組織を設置し、研修会等の取組を実施。
- 全事務事業一覧（業務の範囲・概要と過去数年間の実績を掲載したもの）及び業務マニュアル（業務の流れを把握できるもの）を作成し、急激に増加した経験年数が浅い職員に対して、迅速かつ的確な職務遂行能力を付与していくための一助とする。
- 接遇マニュアル、文書作成マニュアルを作成し、管理職が講師となった接遇等の職場内研修を実施し、「改善」「意識改革」「気づき」につなげる。
- 研修効果の共有化を目的に、受研職員の復命書を庁内の共用ファイルに保管し、全ての職員が閲覧できる環境を整備。
- 「土地台帳」「建物台帳」「備品台帳」の作成を進め、財務会計システムで集約情報を一元管理し、今後のファシリティマネジメントに活かす。

（3）事務負担の軽減や効率化を進める取組

■ 三段階の階層構造の分類（ツミアゲ式分類）によって行政文書を整理するファイリングシステムを導入。

■ 施設等保守管理における共通する業務について、見積書の一括徴収、一括契約に取り組み、コスト削減と事務の省力化を図る。

■ 保育所、給食調理業務、可燃ごみ収集・運搬業務の民間委託を進め、経費節減とともに、保育所における入所定員の増加と一時保育や休日保育の開始など、より市民ニーズに即した事業を展開。

■ PFI手法によって全小中学校に空調設備を完備し、教育環境の改善を実現（約20％のコストを削減）。

■ 事業の効率化や市民サービスの向上の提案を職員から募る「職員提案制度」を実施し、提案を採択して取組を進める。

■ 各課直通電話（ダイヤルイン）を設置し、電話の取り次ぎ時間の短縮、住民サービスの向上、電話対応事務の効率化を図る。

■ 毎月第2、第4火曜日を「5S活動日」として設定し、「整理・整頓・清掃・清潔・習慣」に係る取組を実施し、職務能率の向上や職員の意識改革を図る。

（4）職員が住民とともに学び、考え、議論し、住民と協働する環境を整える取組

■ 市民委員や市民ファシリテーター、職員が参画して、協働型社会を実現するための条例やしくみの検討を行い、市民協働を推進する公共人材の育成を図る。

■ 大学教員を塾長・副塾長に迎え、市民と市職員が塾生となり、公共政策について学び、政策提言及び市民による公共活動の実践。

■ 地域の課題を出し合い解決へ導く地域会議を実施。

■ 民間の目線や考え方を学ぶため、職員研修を兼ねて、各室がそれぞれ異なる民間企業と連携し、1室1品運動として、業務に関連する新商品開発にチャレンジ。

■ 市民と行政が協働して地域自治活動などの活性化を推進するため、地域賑わい推進員を設置し、地域まちづくり計画の策定や自主防災組織の設置等を推進している。

■ 地域活性化や課題解決に向けた自主的な活動に対して助成し、地域住民と行政のパートナーシップにより魅力あるまちづくりを推進。

（5）住民理解の促進や住民満足につながる取組

■ 庁舎周りの清掃を毎日実施し、以前に比べ庁舎周りが美しくなり、職員や住民の意識を変える機会となった。

■ 配食活動と、ふれあいの居場所づくりなど、関係団体の横のつながり、自主勉強会、啓発のためのフォーラムの開催など様々な活動が行われるようになった。

■ 市ホームページにおいて市民協働のまちづくり事例や自治会等のまちづくり事例を紹介することにより、情報共有や意識啓発につなげている。
■ 廃校となった小学校を住民自治組織に貸し付け、自主的な活動の支援と施設の有効活用（喫茶、絵本の販売・貸出、パソコン教室、英会話教室等）につなげている。
■ ホームページ上で、行政運営・福祉・教育等、政策分野毎に音声及び一部映像による説明を受けられるようにし、さらに復習Q&Aとして説明資料も付けて市政をPR。

5 今後の方向性 〜ピンチをチャンスに変える「これからの行革」〜

(1)「これからの行革」に求められる発想の転換

地方公共団体は「常にその組織及び運営の合理化に努める」（地方自治法第2条第15項）責務があるが、国・地方合わせて1000兆円を超える債務、恐ろしいスピードで進む少子高齢化、かつて経験したことのないような災害への対応など、これまでの延長線上での取組だけでは早晩立ちゆかなくなる。アベノミクスでは異次元の金融緩和という表現が使われたが、まさに異次元の行財政改革が求められてくるかもしれない。

しかしながら、発想の転換をしてみるとどうだろう。「高度成長期等につくられた制度や仕組み、考え方、ライフスタイルを変えるチャンスと捉え」、「将来大きな課題となりそうなものに対して今からしっかりと備え」、「新たな価値の創造によって持続的発展を目指す」。これらをセッ

第 2 部　住民満足度につながるもうひとつの「行革」　44

トで具体化していくことが「これからの行革」ではないか。

住民の不満を解消するため、行政が全てを解決しようとすることは、限られた資源の中で不可能なだけでなく、かえって自助・共助の力を弱めてしまうことにもなる。少々不満でも、納得できる行政へ切り替えていく必要がある。その上で、住民としてやるべきこと、充足だけで得られるものでなく、幸福と感じることができる「心の豊かさ」の問題である。少々協力関係が見えてくる。

（2）住民とともに進める行革

いうまでもなく地方自治は、住民生活を守り、自然環境や文化、生業など地域で共有すべき価値を実現していくことにある。そして、地域の人が自ら考えて動くことがなければ、真の行政は実現できない時代に入ってきている。柳川の堀割を復活させた広松伝さんは「プランニングには机はいらない。必要なのは、足と目、地元の人と対話する耳と口、そして何よりも大切なのは地域の人の気持ちを知る心。」との言葉を残された。住民が本当は何を願っているのかを知り、行政がどう変わって行く必要があるのかを考え抜き、住民に理解・納得・支持され、一緒になって参画してもらい、まちづくりへとつながっていく行革が求められているのではないか。

(a) 住民に支持される行革

・信頼を獲得すること（聞く耳を持ってもらえること）。
・行財政情報をわかりやすく伝えること（生活者視点で）。

・危機感を共有すること（このまま推移するとどうなるのか）。
・不安を取り除き、より良い選択肢を探っていくこと。

b 住民に参画してもらい一緒になって進める行革
・それぞれに忙しい住民がアクセスしやすい工夫。
・様々な思い、アイデアを引き出し、反応し合う場づくり。
・提言が政策へ反映されるなど小さな成功体験（メリット）を積み重ねること。

c まちづくりと一体となった行革
・ハードウェア（公共施設・生活産業基盤）からソフトウェア（制度・しくみのインフラ）、ヒューマンウェア（心のインフラ）へと行政投資の重点が変化してきている中で、各種公共施設や行政サービスをまちづくりの中に融合させていくこと。

（3）職員のモチベーション、志、心意気が改革のエンジン

これらを動かす人材育成、政策の質を高め、組織や職員の業務の効率性を高め、社会に対するアカウンタビリティを果たしていくための創意工夫を誘発していくことが必要だが、一方、行政の現場では、職員数が減少する中、住民要求も多様化し、社会の変化に伴う新たな業務が増大、職員に負担がしわ寄せされており、従前からある業務で手一杯な状況にある。所管課が不明な業務や昨年度までなかった新たな課題などを受け止める余力が乏しく、余計なことは拒否したいという雰囲気もある。いかに身軽になれるか。また取り組むことで仕事も楽になり、やりやすくな

という脈略の中でないと受け入れられないし、広がらない。ポスト不足や給与抑制により、職員のモチベーションの源泉となる資源が減少している。人はその人の良さが認められて激励された時に動く。住民に喜ばれること、上司や同僚に感謝されるなど「承認」されること、自ら考え動くことができること、公の担い手としての志、心意気が改革のエンジンとなる。

（4）市町村行革を支援する京都府の役割

危機は危機に気付いた人にしか認識されないが、気付いていない人のところでも状況は悪化する。目に見えぬ危機を察知するアンテナを張り、問題を調査分析して解決策を企画立案し合意形成して実行、評価し、より良き状態へとスパイラルアップしていくことが求められる。各市町村においては、それぞれの地域性や課題をしっかりと受け止めながら取り組まれている。市町村には課題解決能力がある。都道府県は市町村がなければ成り立たない。都道府県はいつも何者であるのかを考える必要がある。市町村とともにある存在であり、市町村の現場で困っていることを一緒に考えていくこと、きちんと答えられるかどうかわからないが問題を共有することはできる。答えが一つでない時代。問題を共有する場、より良き答えをともに考える場を大学や専門家、関係機関、住民や民間の力を結集しつつ「オール京都」で創っていくことが京都府の役割ではないか。時代の変化の中で自治の内実を高める「これからの行革」の旗を掲げ、各市町村地域を歩き、知恵（蜜）を集め、醸成し、融通させるミツバチのような媒介機能を磨き、各市町村が抱える問題を共有し、知恵を出し合う新たな交流・連携の場を興していきたい。

コラム　　　　これからの地域支援のカタチ

　　　　　　　京丹波町企画政策課地域支援室係長　片山　健

　農山村部における地域社会は、過疎化、高齢少子化に悩み、さらに平成の自治体合併は、綿密な行政サービス低下への不安をあおり、住民の閉塞感は頂点にありました。
　そんな中、我々地域支援担当職員が配置され、新しい行政、新しい地域支援のカタチを模索しました。従前の「制度」や「例規」、「補助金」などによる平準化された行政サービスに加え、軸足を地域において取組み、住民のマインドやノスタルジーに耳を傾け、地域課題を共有し解決に向けて共に行動するなど、住民自治、地域自治を根元から支える「地域支援」を目指します。
　そして、我々は「熱く、やさしく、誠実に」をスローガンとして、歩いて出向くワンストップ窓口となり、地域ニーズと施策とをマッチングするのです。
　小規模自治体であるからこそ、身近な地域に愛着と誇りと情熱をもって行動する。「何か、おもしろい事ないか。」と声がかかります。

コラム　　　　　税外債権管理について

　　　　　　　　京都府総務部自治振興課主事　園田研斗

　昨年の7月、府内のある団体で下水道分担金の不納欠損問題が発覚したのを契機に、府内各団体における債権管理の取組状況等を調査した。その結果は、取組が進んでいる団体とそうでない団体との二極化であった。また、先進団体へも聞き取り調査した。その調査では、担当職員の熱意、原課をまとめ一元化する苦労、生活困窮者への配慮の必要性等を感じた。特に、関係各課との調整には非常に汗をかき、多くの労力を要することがわかった。それらを踏まえ、税外債権管理に係る市町村連絡会議を開催し、弁護士講演や先進団体の事例紹介等を通じて、参加者に理解を深めていただいた。
　債権管理の組織体制構築には、様々な調整等が必要となり非常に多くの時間・労力を要するが、今後もこのような連絡会議等を通じて、それぞれの団体に合う組織体制構築を検討していただきたい。同時に、府としても引き続き市町村に寄り添い支援する必要があると考えている。

コラム　人事評価とスキルアップについて

京都府総務部自治振興課主事　近藤聖文

　京都府に研修生として来させてもらい、もうすぐ1年となります。
　業務の一つとして、人事評価を担当していますが、基準の設定方法や、評価者又は被評価者相互の関係悪化のおそれなど、多くの課題があり、府内でも導入している自治体は少なく、今後の導入について、見込みが立たない自治体もあります。また、導入自体が現状に満足もしくは不満に思っていない職員にとって、煙たがられるおそれもあります。
　ただ、評価とは自分自身の強みや弱みを自覚し、それを糧にスキルアップを図ることも目的としており、優良な職員を育てることができるかどうかは制度運用が鍵を握っているように思います。
　また、京都府で仕事をする上で、様々なことを学ばせていただきましたが、重要なことは「人」だということを再確認しました。あと少しで私の京都府での研修も終わり、派遣元自治体に戻りますが、人脈を構築する力を養いながら、評価のために頑張るのではなく、評価されなくても頑張れる職員になりたいと思います。

コラム　市町村行革支援研究会に参画して

公益財団法人京都府市町村振興協会振興課長　川口秀樹

　私が所属する京都府市町村振興協会は、市町村振興宝くじ（サマージャンボ、オータムジャンボ）の収益金を活用して、府内市町村振興のための各種事業を行っていますが、その事業の一つとして市町村等職員を対象とする研修の実施や市町村が行う人材育成に対する支援事業を実施しています。
　そんな中、「人材育成による行政改革」が市町村行革支援研究会のテーマの一つであったことから、今回、研究会に参画することになりましたが、職員の意識改革から新しい「気付き」と「発想」が生まれ、それを基礎にして住民満足度を向上させるための改革につなげていく…、そんな「気付き」と「発想」が生まれる機会を数多く市町村等職員に提供することが、本協会が実施する研修・人材育成支援事業の目的であります。
　今後とも、協会研修の特性を活かした魅力的な研修や人材育成支援事業を実施しなければならないと思いを新たにしています。

第2節　債権回収と生活再建によるもうひとつの「行革」

小沢　修司（京都府立大学　公共政策学部教授）

1　はじめに

住民税や健康保険料、介護保険料など多くの未納、滞納が発生、蓄積しており、自治体はそれらの債権回収に多大な労力をかけているのが実情である。ここでいう債権とは地方自治法第240条第1項で規定されている「金銭の給付を目的とする普通地方公共団体の権利」、すなわち金銭債権を意味し、公法上の原因（賦課・処分）に基づいて発生する債権を公債権、司法上の原因（契約など）に基づいて発生する債権を私債権と区別される。公債権はさらに回収方法の違いにより強制徴収公債権と非強制徴収公債権に区分される。回収方法の違いとは、滞納処分により自治体が強制的に回収できる（強制徴収公債権）か、裁判所に「支払い督促」や「訴えの提起」等をし判決を受けるなどして強制執行の申し立てを行うことによって回収できる（非強制徴収公債権）かである。私債権の場合も非強制徴収公債権と同じく裁判所に強制執行を申し立てること

が必要である他、債権の消滅には「時効の援用」が必要とされる。こうした各種の未納、滞納の蓄積の処理が自治体を悩ませ、「債権管理の適正化」と「未収金対策」を課題とした債権管理に務めているところである。

ところで、自治体が債権回収に取り組む視点は読んで字のごとく「回収」いわば取り立てありきとなる。ところが、なぜ未納や滞納が発生するのかといえば、そこには住民の側に生活困難が存在するのが通例である。債権が回収されたところで住民が抱える生活困難が解消されなければ未納、滞納は繰り返し発生する。いや、生活困難を解消しないと回収もままならない。これは「言わずもがな」である。とはいえ、自治体の債権管理にはなかなか住民の生活困難に目を向ける視点は持たれにくいものである。

ここに、自治体の債権回収と住民の生活再建を結びつけた取組に関心が集まるゆえんがある。研究会で調査を行った滋賀県野洲市もそうした「生活再建型滞納整理」を実践しているところである。「生活再建型滞納整理」とも呼ばれている。

この度、研究会での取組の一環として京都府自治振興課主催で、平成25年10月31日に「税外債権管理に係る市町村連絡会議」を開催し京都府内自治体における債権管理に係る取組の情報共有と債権管理に関する法的ポイントについての学習を行ったが、そこで野洲市の事例紹介を行ったのも「生活再建型滞納整理」の視点から市町村の「行革」を見直そうとの想いを込めたものであった。

以下、野洲市における「生活再建型滞納整理」の取組を通じて、もう一つの「行革」に迫って

2 滋賀県野洲市における「生活再建型滞納整理」と「生活困窮者支援」

みることにしたい。

野洲市における「生活再建型滞納整理」は「生活困窮者支援」として行われている。「生活困窮者自立支援」とは、「生活困窮者自立支援法」の施行（平成27年4月）に伴い福祉事務所設置自治体に「自立相談支援事業」の実施が必須化され、就労準備支援事業、一時生活支援事業、家計相談支援事業などの実施が可能となる、生活困窮者に対する支援の総体を意味している。国の取組は、平成22年6月の新成長戦略に基づき開始された内閣府の「パーソナルサポートモデル事業」（平成24年度で終了）に始まり、「社会保障審議会生活困窮者の生活支援の在り方に関する特別部会報告」（平成25年1月）を経て、厚生労働省の「生活困窮者自立促進支援モデル事業」（平成25年度～）に引き継がれて今日に至っている。野洲市の取組は、「生活困窮者支援」における「総合相談・ワンストップ対応の事例」として、「一部の地域においては、複合的な問題を抱える者に対する縦割りでない総合相談やワンストップ対応を行い、成果を上げているところがある。」と評価を受けている。[1]

野洲市では、平成21年10月に「野洲市多重債務者包括的支援プロジェクト」が立ち上がった。市民生活相談課（当時は市民生活相談室）と納税推進室、上下水道課、高齢福祉課など1室7課がチームとなり、滞納相談に訪れた住民に対し「なぜ支払えないのか」「他にも困っていることは

図1 「野洲市多重債務者包括的支援プロジェクトの流れ」

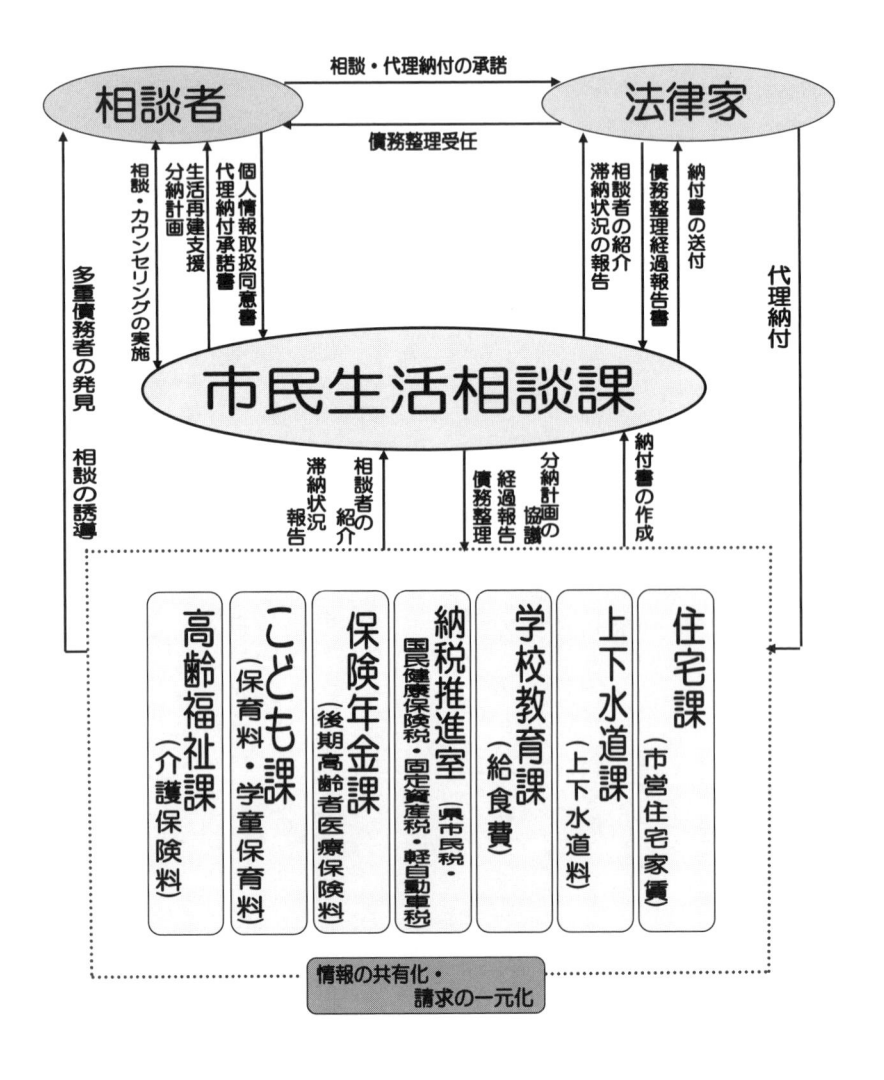

53　第2節　債権回収と生活再建によるもうひとつの「行革」（小沢　修司）

図2　「生活困窮者対策等における税務情報の活用について」

総行政第 29 号
総税市第 11 号
平成 23 年 3 月 3 日

各道府県総務部長
東京都総務局長　殿
東京都主税局長

総務省地域力創造グループ地域政策課長
総務省自治税務局市町村税課長
（公印省略）

生活困窮者対策等における税務情報の活用について

　生活困窮者対策等の推進については、各自治体において様々な取組みが進められているところですが、本人の同意を前提に個人住民税の納付状況など地方税の賦課徴収に関する個人情報（以下「税務情報」という。）を活用し、関連部署や、地方団体と連携している弁護士等との間で情報共有を行うことにより、成果を上げている地方自治体も見られるところです。こうした取組みは、社会的に孤立し生活困難に陥っている方等への対策を推進する上で意義のあるものと考えられます。

　ついては、こうした取組みを進める際の税務情報の取扱いについて留意すべき点を下記のとおり整理しましたので、お知らせします。

　貴都道府県内の市区町村に対してもこの旨をご連絡いただくようお願い申し上げます。

　なお、本通知は地方自治法（昭和22年法律第67号）第245条の4（技術的な助言）に基づくものです。

記

1　税務情報を生活困窮者対策等の施策に活用するため、本人の同意を前提に当該施策の担当課等に提供する場合は、本人の同意を得られているか、当該施策の実施に必要な範囲での提供であるかどうかを確認するなど、地方税法第22条及び地方公務員法第34条により守秘義務が課せられていることを留意の上、対応することが適切と考えられること。

2　税務情報を生活困窮者対策等の施策に活用するため、本人の同意を前提に当該施策の担当課等に提供する場合に、いかなる方法により本人の同意を確認するか、当該税務情報を適正に取り扱うために必要な措置を税務情報の提供先に求めるかどうか等については、各地方団体の個人情報保護条例に基づき判断すべきものであること。

3　上記を踏まえ、税務情報を生活困窮者対策等の施策に活用するため、本人の同意を得る際には、例えば、本人に対して、別添の同意書の提出を求めることが考えられること。また、本人が予期しない税務情報の目的外利用・提供によって、本人に不安・懸念を生じさせることがないように、目的外利用・提供の内容を同意書に明記するとともに、本人に対して、十分な説明を行うことが適切であると考えられること。

ないのか」など、丁寧に聞き取りを実施し、借金が判明すれば市民生活相談課が弁護士を紹介し法律上の債務整理や過払い金の返済につなげるという仕組みであり（図1参照）、平成21年度から23年度の2年半の間に、相談件数398件、利息制限法の引き直し計算によって消費者金融に債務を減額させた金額は1億9千万円、消費者金融から回収した過払い金は1億7000万円、そのうち滞納している税金等に充当された金額は1600万円にも上った。

このプロジェクトが成功するポイントは三つある。一つは、野洲市市民相談総合推進委員会設置要綱（平成23年6月15日、告示第113号）を策定し生活困窮者の生活再建支援にあたる関係課等の連携と市民生活相談課が委員会の庶務を処理することを組織的に担保していること。二つは、相談者から個人情報を委員会の委員（要するに関係各課）で共有し外部の弁護士や司法書士などに提供することについての同意書を取っていること。三つは、相談者が弁護士や司法書士に対し、債務整理の結果、滞納している税金、使用料などの支払いが可能となれば弁護士らが市役所に代理納付する承諾書を書いてもらっていること、である。もちろんこうした取組が円滑に進められるには、個人情報の利活用にあたっての大きな壁を乗り越える法制的根拠があることが大きな力となる。平成23年3月3日に発出された総務省地域力創造グループ地域政策課長と総務省自治税務局市町村課長連名の「生活困窮者対策等における税務情報の活用について」という通知（総行政第29号、総税市第11号）がそれである（図2参照）。生活困窮者を支援するために、個人情報や守秘義務が「できない」理由とされるのではなく、関係者で情報共有を進める手だてを工夫している姿がここにはある。

3 「おせっかいの野洲方式」とは？

野洲市の取組は消費生活相談から始まった。遡ること平成11年、合併以前の野洲町に消費生活相談員一人体制（週3日）の消費生活相談窓口が新設され、平成13年に毎日開設、平成16年に中主町と合併して野洲市になって以降、平成19年には相談員が増員され2人体制になった（平成18年には市民課の課内室として市民生活相談室が設置される）。その後、取組の発展・機能強化とともに平成25年度からは7名の職員体制による市民生活相談課に昇格した。内訳は課長1名、正規職員2名（以上正規職員3名）、消費生活相談員（嘱託）1名、相談支援員（嘱託）2名（看護師・精神保健福祉士）、家計再建支援員（嘱託）1名である。業務内容は、消費生活相談をベースとしているがあわせて法律相談（弁護士会、司法書士会）、税理士相談、行政相談、市民相談を総合的に担当し、ハローワークとの一体的な就労支援事業（やすワーク）にも取り組むことになっている。

事業展開として相談窓口の変遷を示すと、平成11年度からの消費生活相談をベースに、平成21年度から多重債務者包括的支援プロジェクトが始まり、平成23年度からパーソナルサポートサービス（PSS）モデル事業が加わり、このPSS事業は平成25年度から生活困窮者自立促進支援モデル事業に引き継がれて今日に至っている。組織も業務も拡大の一途を辿っているのが野洲市の「生活困窮者支援」の取組であり、「生活再建型滞納整理」の姿なのである。ここには、徹底的に住民に寄り添う行政の姿がある。

市民生活相談課が市のHPで公表している「消費生活相談

受付状況」の中に書かれている印象的な言葉が胸を打つ。「市役所には命を守るサービスがすべてそろっています。」と。

全国的に高い評価を受けている野洲市の「総合相談・ワンストップ対応」による「生活困窮者支援」を市民生活相談課では「おせっかいの野洲方式」と呼んでいる。以下、「おせっかい」の内実に迫ってみたい。

前節で、多重債務者包括的支援プロジェクトでは滞納相談に訪れた住民に対し「困っていることはないのか」と丁寧に関係各課がチームとなって聞き取っていくことを記したが、それはそのプロジェクトに限ったことではなく、すべての相談業務の基本となっている。住民から問われ求められれば応える「待ちの姿勢」ではなく複合的な困難を抱えながらも自身では生活困難の総体が認識できない住民に対し「おせっかい」に困りごとを浮き彫りにし「見える化」していく。相談者に対してチームで対応すると書いたが、「たらい回し」での対応ではなく相談者を取り囲み型での対応が行われる。

だが、こうした業務のやり方は一朝一夕で実現したのではない。市役所には命を守るサービスがすべてそろっているのは確かであるが、庁内の各課(行政)の壁はきわめて高く命を守るサービスが効果的に提供されないのが通例である。庁内組織だから連絡調整、連携は容易いのではなく、その高いハードルを乗り越える工夫が必要となる。

市民生活相談課が行ってきたのは、相談業務の結果の「見える化」、すなわち、いかに相談者の生活再建が実現し多重債務の過払い金が回収され公租公課の滞納額の圧縮が実現しているかを

つぶさに公表しフィードバックすることによって、市民生活相談課につなぐことの意義を実感として共有してもらうことであった。そして、市民生活相談課の庁内での位置づけを制度的に担保すべく前述した市民相談総合推進委員会設置要綱を制定する。さらに、先に見たように、個人情報の壁を乗り越える総務省の通知を活用する。

こうした市役所内での「おせっかい」型市民相談業務は庁内に限定されることなく地域にも波及している（地域を巻き込んでいる）のも「おせっかいの野洲方式」の特徴である。弁護士、司法書士、税理士の巻き込みは既に記した。ここでは、「生活弱者発見・緊急連絡プロジェクト」（図3）を紹介したい。

このプロジェクトは平成24年5月から始められた。生活苦や生活の異変のサインが新聞・郵便物が溜まり家賃が滞納される形で発せられるのはよくあることだが、市民生活相談課が不動産管理会社との連携によりいち早く住民のSOSを発見し生活支援につなげていくというものである。不動産管理会社（貸し主）にとっても、入居者の孤立死が防がれ資産価値が守られるメリットがある。家賃が滞納されると不動産管理会社が「どうしましたか？」と本人の状況を確認した後、本人の同意の元に市役所へ連絡を取り、市役所に出向くよう勧めたり場合によっては不動産管理会社の担当者とともに市民生活相談課を訪れるよう促すというものである。滞納相談で来庁されてから「おせっかい」が始まるのではなく、自ら市役所に出かけていくことが難しい生活弱者をアウトリーチで早期に発見していく仕組みである。野洲市での民間住宅入居数が3043世帯（平成22年国勢調査）に対し、連携してもらっている協力不動産管理会社（10社）の管理数は2083

図3 「生活弱者発見・緊急連絡プロジェクト」

もっとしっかり安全・安心
生活弱者発見　緊急連絡プロジェクト
～入居者（市民）の命を守り隊～

|1．背　景|

　高齢、障がい、貧困等さまざまな要因から、地域において孤立化する生活弱者の問題がクローズアップされている。孤立化の結果として、平成23年度末には、さいたま市や立川市で餓死事件が発生した。また、発見される際、死後数カ月経過した状況で発見され、その発見は不動産管理会社やガス会社からの連絡によるものであった。
　国においても平成13年から幾度にわたり「要保護者の把握のための関係部局・機関等との連絡・連携体制の強化について」（最新は平成24年2月23日）通知が出され、電気、ガス等の滞納状況等から、福祉事務所への連携がうたわれているが、個人情報保護の観点から実際なかなか進まない現状がある。
　この4月には消費者庁からも個人情報の適切な共有について発信されており、生活弱者からのSOSをいち早く発見し、必要な支援を届ける方法を模索したい。

|2．目　的|

　家賃滞納や新聞・郵便物が溜まる等のSOS情報から助けが必要な生活弱者を発見し、いち早く「命を守る行政サービス」へつなげ、生活再建を進めることを目的とする

|3．対　象|

　市内の賃貸住宅に居住する、自ら市役所へ相談することが難しいとされる、地域から孤立した生活弱者など

|4．方　法|

・家賃滞納等SOS　⇒不動産管理会社が本人の状況確認　⇒SOSを発見！
　⇒**本人の同意の元に市役所へ連絡**　⇒行政サービスを活用し生活再建支援の実施

　　例）失業　⇒就労支援・住宅手当等　　　借金　⇒債務整理
　　　　その他、消費者相談・健康・メンタルヘルスなど

|5．期待される効果|

・市民は、早期に発見してもらえることで、命が守られ、生活再建が出来る
・不動産管理会社（貸主）は、孤立死などが防げ、資産価値が守られる
・市役所は、市民の命が守れ、安全・安心なまちづくりにつながる

|6．その他|

・野洲市の民間住宅入居数　3043世帯（平成22年国勢調査）
・現在の協力不動産管理会社（10社）の管理数　2083戸　（68.5％）

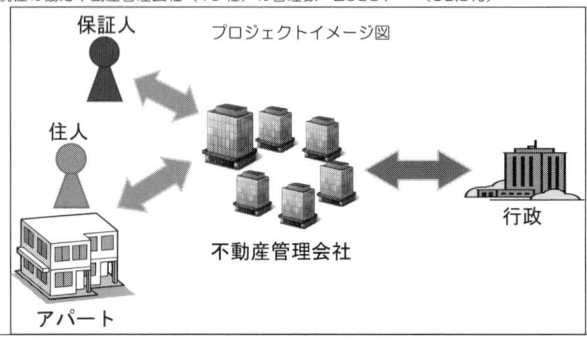

プロジェクトイメージ図
保証人　住人　アパート　不動産管理会社　行政

図4 「野洲市滞納情報からのアウトリーチ」

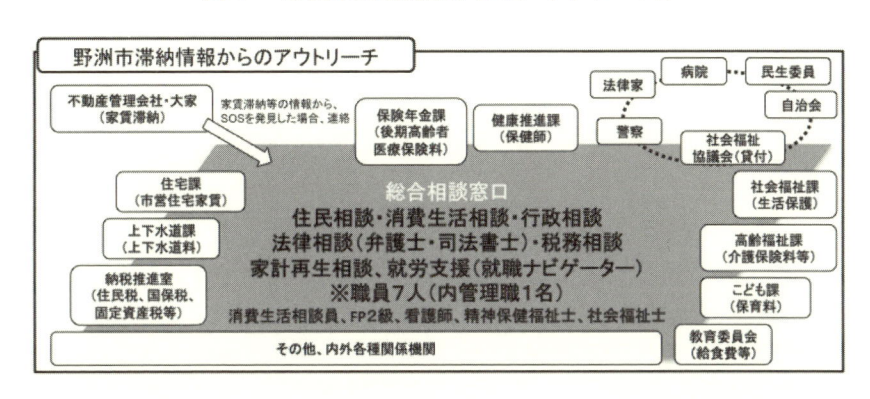

戸なので68・5％をカバーしていることになる。

このように、「おせっかい」の輪は庁内を越えて法律家、不動産管理会社、社会福祉協議会（生活福祉資金貸付制度）、病院、民生委員、自治会、警察など地域の関係機関、団体などに広がりをみせている（図4）。

4 「自治体には命を守るサービスがすべてそろっている」

野洲市での取組は、消費生活相談から始まった「生活再建型滞納整理」であり、「生活困窮者支援」であった。はじめにで述べたように、住民の生活再建なくして自治体が抱える債権回収は止むことはない。平成27年度から施行される生活困窮者自立支援法に伴い福祉事務所設置の自治体には自立相談支援事業の実施が必須化される。であるならば、債権回収を生活再建と結合させる視点は有効である。それには、行政の在り方、役割を変える発想がベースとならなければならない。「行革」といえば、とかく予算・

定数削減や民営化といったイメージで捉えられる現状から、自治体には住民の命を守るサービスがすべてそろっているとの自治体や行政のイメージ、実態に変えていく覚悟が問われる。野洲市が問いかける「もうひとつの『行革』」とは、我々に行政の作り替えを要求するものである。

1 「社会保障審議会生活困窮者の生活支援の在り方に関する特別部会」資料（平成24年9月28日）。
2 生水裕美（2013）："おせっかい"の取り組み—滋賀県野洲市の消費生活相談』『都市問題』10月号。
3 以上野洲市の取組については、野洲市市民部市民生活相談課作成の「視察研修資料」（平成25年7月改訂）参照。

コラム　　舞鶴市の債権管理適正化への取組

舞鶴市企画政策課長　西嶋久勝

　自治体にとって適正な債権管理は、行政運営に欠かせない財源の確保だけでなく、市民負担の公平・公正の確保という観点からも、非常に重要なものです。舞鶴市では、市長の強いリーダーシップのもと、債権管理適正化に向けた取組を進めています。
　平成24年度には、既存の組織に横串を入れ「債権管理担当者会議」などのグループを形成し、債権管理事務の課題整理、事務処理統一基準づくりなどに取り組みました。組織を横断した活発な議論は、舞鶴市債権管理条例制定、債権管理事務に係る指針の大幅な改訂に至り、市の未収金額を大きく減額する事へつながりました。平成25年度からは、債権管理条例等の事務処理基準に則り、適正に事務を進めるとともに、さらに事務改善を図るため、組織横断的な協議を続けています。解決すべき課題は多いですが、一歩一歩着実に、取り組みを進めていきたいと考えています。

コラム　　債権管理・回収について

福知山市財務部財政課参事　岩間信之

　いま全国の自治体では債権管理・回収に関して、非常に先進的な取り組みをされている自治体もあれば、そうでない自治体もあります。地域主権の時代に自主財源の確保が言われるなか「債権」は注目されています。福知山市では財政課に債権管理係を設置し、債権所管課への指導・助言や債権管理対策推進本部の運営等を行っており、債権管理一元化組織の構築についても先進自治体を参考にして福知山市スタイルの検討を行っています。
　さて徴収の極論は、「１００％収納」と「滞納させないこと」ですが、言うは「易し」行うは「難し」です。がむしゃらに徴収し、悪質滞納者はとことん徴収する。これが徴収員としての仕事です。しかし多重債務者で生活に困っている人や病院にも行けない人などからはなかなか徴収できません。それでも「何とかして払おう」と支払う意思のある方はいらっしゃいます。そういった人の滞納を解消し、生活を改善させることも徴収員の仕事と思っています。

第3節　自治体評価ともうひとつの行政改革

窪田　好男（京都府立大学　公共政策学部　准教授）

はじめに

本節のテーマはいわゆる行政評価と地方自治体の行政改革である。

近年のわが国における行政改革とは一般に小さな政府と効率化・顧客満足度の向上を目指す改革である。それらは国でも地方自治体でも必要で重要であるが、自治体ではもう一つの行政改革もまた必要である。もう一つの行政改革とは分権化改革であり、それは自治体の政府としての自立であり、さらに適切な政策展開や効率化や顧客満足度のために市民参加を進めることである。

本節では地方自治体の行政評価という語を用いるが、自治体評価は一般的な意味での行政改革でももう一つの意味での行政改革でも重要な役割を果たす。自治体評価のもう一つの姿を描くことが本節の目的である。自治体行革の要とされてきた自治体評価のもう一つの姿を描くことが本節の目的である。

本節では、地方自治体の行政改革を考える上で基礎となる現代社会における公共部門とその中

第3節 自治体評価ともうひとつの行政改革（窪田 好男）

での評価の位置づけをあらためて明らかにするとともに、最近見られる評価の役割の変化の方向性を示したい。

自治体評価は公共部門における評価の一種である。本節で扱うのはその中でも政策や施策や事業についての評価である。自治体が行う評価、自治体に関する評価といった意味である。本節で扱うのはその中でも政策や施策や事業についての評価である。他にも人や組織についての評価、施設についての評価などさまざまな評価があるが、今回は扱わない。自治体の実務では行政評価の方がよく用いられるが、政策や施策や事業についての評価は国では政策評価であり、行政評価というとかつての行政監察を指すこともあり、本節では自治体評価を用いることにしたい。[1]

1 現代社会における公共部門とその中での評価

社会にも人間が生きることにも、それ自体には目的はないかもしれないが、死や苦痛からなるべく離れ幸福に生きたいというのは人々の共通の願いであろう。図1はそうした願いに関わる社会的な要素の主要なものそれぞれの関係を示したものである。詳細は後述するとして、地方自治体を含む政府部門やそれが企画立案し実施し評価する政策もまたその願いを実現するためにあることが表されている。また、公共政策学の目的は、人々が幸福に暮らせる持続可能な社会をつくるために、よい政策とは何かを考え、それを産み出す諸条件を整えることであるが、公共部門における評価はそうした条件の一つと捉えることができる。

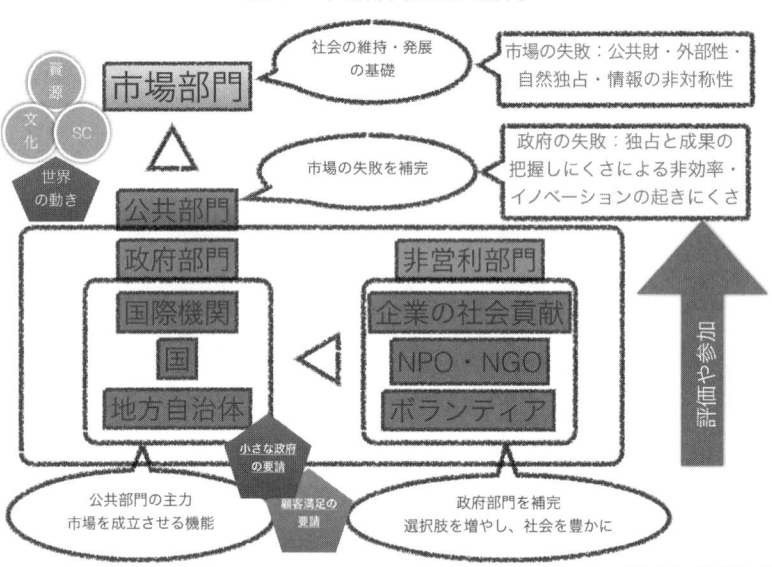

図1　市場部門と公共部門

社会の維持・発展の基礎

市場の失敗：公共財・外部性・自然独占・情報の非対称性

市場部門

資源／文化／SC／世界の動き

市場の失敗を補完

政府の失敗：独占と成果の把握しにくさによる非効率・イノベーションの起きにくさ

公共部門

政府部門／国際機関／国／地方自治体

非営利部門／企業の社会貢献／NPO・NGO／ボランティア

評価や参加

小さな政府の要請

公共部門の主力　市場を成立させる機能

顧客満足の要請

政府部門を補完　選択肢を増やし、社会を豊かに

（出典）筆者作成

　われわれの関心は自治体や行革や評価にあるため、それらの役割を大きく見てしまいがちであるが、社会の維持・発展には図の左上に示された諸要素がむしろ重要である。資源の有無[2]、市民の文化のレベル、ソーシャル・キャピタルの状況、そして周囲を取り巻く世界の状況や動きといったことにより、ある社会やそこに暮らす人間の状況は大きく変わるだろう。

　さらに、社会の維持・発展の基礎となるのが市場部門である。市場は社会の発展の原動力であり、資源配分のメカニズムである。しかし、市場には公共財、外部性、自然独占、情報の非対称性といった構造的な問題があるため、市場だけでは社会を望ましい状態にすることはできない。

　公共部門は市場の失敗を補完する役割を担う。公共部門は政府部門と非営利部門か

らなるが、主力となるのは政府部門である。政府部門は地方自治体、国、国際機関から成る。かつては政府部門といえば国と言ってもよかったが、現代の先進国では効率性や市民の合意形成を重視する観点から地方自治体の役割が重視され、自治体で解決できるものは自治体で解決し、自治体に委ねることが不可能であったり非合理であったりするものの国が扱うという考え方がとられるようになっている。また、地球環境問題など一国では対処しきれなかったり、一国で対処することが非合理な問題が重要になるにつれて国際機関もまた一種の政府として重視される。政府部門は市場部門からは供給されないが社会には必要な財やサービスを供給し、自然独占や外部性や情報の非対称性に、規制や経済的誘導や情報による誘導といった政策手法を駆使して対処する。

　しかし、政府部門にもまた政府の失敗と呼ばれる問題がある。政府は地域独占である。日本の国レベルの政府は日本国しかないし、京都における都道府県は京都府だけである。また、政府部門では市場部門とは異なり、成果を把握することは容易ではなく費用がかかる。市場では一定の企画意図に基づいて提供した財やサービスがどの程度売れたかという意味での成果は比較的容易に費用をかけずに日常の業務を通じて知ることができる。一方、政府部門ではそうはいかない。例えば観光入込客数を増加させたくてPR動画を作成したとして、その前後における観光入込客数の変化を調べることにも費用がかかるし、さらに観光入込客数のうちどれくらいの割合がPR動画によって訪れたのかを特定することは一層費用がかかるし技術的にも難易度が高い。こうした独占と成果の把握しにくさにより、政府部門は市場部門に比べて非効率にならざるを得ず、政

策や業務のイノベーションも起きにくい。

公共部門のもう一つの部門である非営利部門は政府部門を補完するものであって、市民にとっての選択肢を増やすものと捉えることができる。例えば環境保全のための植林、あるいは児童の通学時の安全確保のための交通安全教室を政府も行うが、小荷物宅配業者などの民間企業が社会貢献として行うこともあるし、ボランティアが行うこともあるといったことである。

非営利部門は政府の失敗を補完するものとしても期待されている。しかし、非営利部門もまた、政府部門と同様に成果を把握しにくいという構造的な問題を抱えており、市場部門に比べて非効率にならざるを得ず、政策や業務のイノベーションも起きにくい。政府部門とは異なり、ことさら取り立てて企業の社会貢献における失敗とか、NPOの失敗とか、ボランティアの失敗とか名付けられることはないが、こうした構造的な問題は非市場の失敗を総括されることもある。

今日の自治体行政改革を論じる際には、分権化改革の中で自治体が統治機構として自立することと、地域社会の維持と発展のために必要とされる政策展開のための政策能力を獲得し伸長することと、非営利部門を支援し適切に協働することといった視点が不可欠である。小さな政府を志向して予算規模を縮小し、人員を削減することも行革であるが、こうした視点に基づく行革も必要なのである。

非営利部門の評価にも共通することが多いが本節のテーマから外れるので触れないことにして、公共部門における評価の意義・目的は、大きく捉えると、政府の失敗を補完すること、こうした政府部門と非営利部門に共通する失敗なり問題に対処することである。より詳細には、そも

そも不要な政策がつくられないようにすること、よい政策をつくったとしてそれを正確かつ無駄なく効率的に実施できるようにすることがまず重要である。さらに公共部門の評価の目的としては、それを導入した国や自治体の政策体系を可視化して明示し、いつからいつまでの期間に何本のどのような政策や施策の実施が予定されており、その実現のためにどのような事業や業務が行われているのかを誰が見てもわかるようにするということもある。また、政府部門に求められる責任の一種であるアカウンタビリティを担保するということも公共部門の評価の目的である。アカウンタビリティは、国や自治体が政策の企画立案、実施、終了を適切に行うこと、そしてそれを議会を通じてではなく社会に対して直接説明することを求める責任である。[3]

公共部門の評価の手法としては様々なものが開発されており、わが国の国や自治体でも多様に制度化されている。そうしたものの中で、近年のわが国の自治体評価の制度における主要な手法になっているという意味で特に重要な業績測定と事業仕分けについて引き続き説明したい。

2　業績測定

業績測定はアメリカで発展してきた評価の手法であり、政策の結果や効率性を定期的に測定することと定義される。細部の異なるバリエーションも多いが、三重県の事務事業評価システムを先進事例として自治体評価で取り入れられ、最近では約1700の自治体のうち、都道府県や市

を中心に約千の自治体が制度化しているし、国の府省の政策評価制度でも実績評価という名称で手法の一つと位置付けられているし、独立行政法人や大学法人の評価にも取り入れられている。

政策、施策、事業といった政策体系の単位の一部または全部について、一つまたは複数の目的を明確にし、その達成度合いを測定する指標である。理想的には、政策、施策、事業のそれぞれのレベルで、要した費用を明らかにするという手法である。

複数の目的があればその全てに指標を設定し、定期的に測定するとともに、それに要した費用を明らかにする。費用についても、三ヶ月に一度とか半年に一度とかなるべく頻繁に測定を行うことがよいとされる。費用についても、費やした予算はもちろんであるが、人件費をなるべく正確に明らかにすることや、政策の実施に伴い発生した意図せざる悪影響という意味での弊害や機会費用も測れるに越したことはないとされる。同じ予算額でも従事した人数によって費用は変わるし、それが正規職員か臨時職員かでも変わる。治水や利水を目的にダムを造れば、一方では観光客が増えて地域の活性化につながったり経済効果が得られたりということがあり、他方で交通事故が増加するといった弊害が生じることもある。こうしたことをなるべく正確に測定し、分析・評価し、結果を予算編成や計画の進行管理に活用しようという手法である。公共部門では成果が把握しにくいという問題への対処策だと捉えることができる。

わが国の自治体では１９９０年代後半から導入が進み、一定の成果をあげたと考えられている。他方で、実施実態からは、事業しか評価していない自治体もあるとか、施策や事業に複数の目的があっても、その一部にしか指標が設定されていないとか、指標は設定されているが適切に成果を捉えられていないとか、年に一度の評価にとどまっているとか、人件費の算出もあまり詳細に

は行えていないといった課題も見えてきた。また、業績測定は基本的には行政の担当者が自己評価するものなので、客観性が欠けているのではないか、お手盛りや手抜きが行われているのではないかという懸念も示された。そこで、評価専門家や有識者や市民など数名から成る外部評価委員会を設置してチェックに当たらせることも一般的となった。

評価が普及するにつれて「評価疲れ」がささやかれるようになった。原因はいくつか考えられる。評価の発想や手法が行政職員には馴染みのないものであること、評価の業務が予算編成に関わる資料の作成、計画の策定や進行管理や総括のための資料の作成、議会の質問への対応といった従来からある類似の業務に付け加わる形で増えたこともある。指標の設定の難しさということもある。既述のように、そもそも公共部門は成果の把握が難しい。政策、施策、事業の指標も、行政職員が簡単に測れる指標では成果を正確に測定できず、測るべき指標では日常の業務の中で扱いきれず負担になる。こうした中から、成果はともかく評価は公共部門の必須標準装備という考えは持ちつつも、評価の費用対効果が悪いのではないかとか、評価の成果が小さすぎるし遅すぎるのではないかという感覚が生じるのであろう。

ところで、わが国の自治体評価を考える上で外すことができないのが、多くの自治体が直面している財源不足による歳出削減の必要性である。長く続いた不況による歳入の減少、国も進める小さな政府を目指す動きに伴う歳出削減などが原因である。また、平成の大合併に関わった自治体については、普通交付税の算定の特例などの合併による一時的な財政上の優遇措置が終了することにより、財政規模を縮小しなければならないということもある。いずれにせよ、歳出削

3 事業仕分け

こうした疑問や切迫感から生まれた評価の手法・制度が事業仕分けである。構想日本という非営利・独立のシンクタンクがつくった日本発の手法・制度である。2009年に民主党政権が実施したことで多いに注目されたが、自治体では2002年2月から導入されていた。内容としては、現在、国や地方自治体が行っている行政サービスのそもそもの必要性や実施主体（国、県、市など）について、予算書の項目ごとに議論し、「不要」「民間」「市町村」「都道府県」「国」と分けていく作業であり、官か民か、国か地方かの前に事業の要否について議論することが、これまでにない特色とされる評価手法である。「外部の者」が参加し「公開の場」で議論することが、これまでにない特色とされる評価手法である。

もともとの事業仕分けは構想日本が委託を受けて行う場合が多く、評価に参加して中心的な役

減は待ったなしという切迫感を持つ自治体が多くあるのだが、そうした自治体の関心に業績測定では十分に応えられないかもしれないという問題がある。というのも、業績測定という評価手法は、十分に目的を達成できていない政策や施策や事業、費用対効果の悪い政策や施策や事業を見つけて改善を図るものである。歳出削減を大規模に行う必要がある場合、そうしたある意味問題のある政策や施策や事業を見直すだけでは不十分で、問題のないものでも休止や廃止する必要があるのである。こうした点からも、自治体評価の主要な手法は業績測定だけでよいのかという疑問が生じたのである。

第3節　自治体評価ともうひとつの行政改革（窪田　好男）

割を果たす「外部の者」は、政治家や行政職員や学識経験者といった政策や行政実務に通じた人材で仕分け人と呼ばれる。一班5から7名程度のグループで訪問し、一日10本弱から多ければ100本程度の事業を評価する。複数のグループが訪問すれば評価できる事業の数は増えるが、いずれにせよ、町村でも300程度、市なら700程度、都道府県なら千数百はあるとされる事業の全てを評価することは難しい。

事業仕分けの背後にある発想は以下のようなものである。実践経験を積んだ政治家や行政職員や学識経験者なら、事業の実施担当者に聞き取りを行うことによって事業の必要性や有効性や費用対効果を把握することができる。しかし、政治家や行政職員が自分の自治体で評価をし、それを活用して思い切った見直し提案をすることはしがらみもあって難しい。そこで、そうした人材がしがらみのない他の自治体を訪問して評価をすれば、思い切って取り組むことができる。業績測定など他の評価手法と比べても、業績測定は目的の達成度という意味での有効性に重点を置く評価手法であるが、事業仕分けなら、自治体の財政状況等に応じて、必要性、有効性、費用対効果のどれにでも柔軟に重点を移すことができる。

エキスパートによる観察や聞き取りを中心とする評価手法と捉えることができ、そうした手法は例えばアメリカでも街路の清掃といった比較的単純な行政サービスの評価では見られるが、行政の中心的な政策や施設の評価に用いたことは斬新である。

事業仕分けについては、国や自治体への市民の関心を集めた、不要な事業や施設を廃止させる

ことで行財政改革に一定の成果をあげたと考えられている。他方で課題も多い。公開の場で外部から来た仕分け人に対決的な姿勢で聞き取りをされることが、評価を担当する行政職員にはストレスとなり、不満を残すことが多い。また、「外部の者」による評価が特徴ではあるが、やはり地元の地理的・歴史的条件を知り、その事業の展開やつくられた背景を知っている者も加わらないと適切な評価はできないのではないかという指摘も見られた。全ての事業を評価できないこと、政策体系の一部を選んで評価することについても、できれば全てを評価すべきであると考えられた。また、政策体系のうち、計画のレベルである政策や施策ではなく、予算のレベルである事業に焦点を合わせ、即効性のある活用を意図したことも、事業レベルの評価だけでは細かすぎて大きな改革につながらないのではないかと考えられた。一つ一つの事業をチェックして、不要なもの、効果の不十分なもの、費用対効果が悪いものを見直すということはもっともであるが、実際に評価で取り上げられるのが、冬期に駅前でやっているイルミネーションであるとか、自治会の掲示板への補助であるとか、家庭のトイレの水洗化への資金貸し付けといった事業である中、むしろ政策や施策のレベルでの政策調整が重要ではないかという指摘である。

こうした課題に対応し、仕分け人に地元の有識者を加える、無作為抽出した地元市民を評価に参加させるといった改善が図られている。また、構想日本以外が主体となる仕分けも行われるようになった。そこでは、例えば筆者がコーディネーターを務めた舞鶴市の公開事業評価（市民による政策評価会）のように、総合計画の施策の単位で、市民参加によって行われるものも出てきている。

4 評価の役割の変化とこれからの自治体評価

最近の自治体評価で注目すべきことは、改良された業績測定と改良された事業仕分けが結果的に接近し、細部に異なる点もあるものの、似たものになりつつあることである。業績測定に外部評価を組み合わせるのは、ある種のイノベーションのため、というある種のイノベーションのため、委員会のメンバーからアイディア・知恵を集めることも期待されるようになってきている。この傾向をさらに進め、京丹後市のように、成果指標をなくし、聞き取りによって施策や事業の必要性や有効性や費用対効果を明らかにしようという評価制度をとる自治体も出てきている。聞き取り手法で指標設定にこだわらない業績測定と、同じく聞き取り手法で施策レベルの「事業仕分け」は類似したものであり、これからの自治体評価の姿を示している。

これからの自治体評価が貢献すべきは行政改革である。しかし、その行政改革とは、いたずらに小さな政府を目指して予算規模や政策・施策・事業の数や組織や職員数を減らすということではない。地域の資源や文化やソーシャル・キャピタルの状況を知り、地域の市場部門との、国や地域の非営利部門との役割分担を適切にする、そのためには分野を越えた政策調整も大胆に行うというもう一つの自治体改革にも評価は貢献すべきである。5

分野を超えた政策調整は、個別の施策や事業の目標達成度を業績測定するだけではできない。

同じく「事業」レベルの仕分けでもできない。市民も参加する外部評価で、学界の専門知識、地域の地理や歴史の知識、政策過程の文脈的知識を結集して評価を行うことが必要で、そうした評価手法・制度が求められる。言い換えれば、外部評価委員会や仕分けチームに必要なのは、政策分野ごとの専門知識、公共政策学で政策条件や制約条件と呼ばれるものについての知識、そしてそれを評価と提言にまとめあげるファシリテーション能力と評価能力である。

参考文献

窪田好男（2005）『日本型政策評価としての事務事業評価』日本経済評論社。

武智秀之（2013）『政策学講義—決定の合理性—』中央大学出版部。

1 評価の先進国であるアメリカではプログラム評価（program evaluation）や業績測定（performance measurement）のように評価の対象や評価の手法により名付けられるのが一般的である。

2 観光資源のように市場部門や公共部門の努力により創り出すことができる資源もある。

3 アカウンタビリティは行政機関だけではなく、立法機関もまた果たすことが求められる。また、行政機関は立法機関を通じて果たす責任も引き続き果たすことが求められる。

4 カナダで1990年代に実施されたプログラム・レビューが事務事業評価の手本とされることもあるが、両者の類似点はそう多くない。事業仕分けはよくも悪くもわが国独自の評価手法・制度であると言えよう。現状では基本構想・基本計画・実施計画のもとに政策調整のためには計画や諮問機関のあり方の見直しも必要である。現状では基本構想・基本計画・実施計画のもとに分野別の個別計画があり、それを進行管理する委員会があり、専門家や市民が参加している行財政の拡大局面ならともかく、維持なり縮小局面で必要な調整がしにくい仕組みであり、見直しが求められよう。

5 分野を超えた政策調整のためには計画や諮問機関のあり方の見直しも必要である。

> **コラム**　　　**新たな行政評価で総合計画を推進**
>
> 　　　　　　亀岡市企画管理部夢ビジョン推進課副課長　**浦　邦彰**
>
> 　亀岡市は、平成23年1月にスタートした「第4次亀岡市総合計画〜夢ビジョン」を推進するため、これまでの行政評価のスタイルを変え、「効果・実効性」、「市民参画」、「人材育成」の3つを目的とした、総合計画の進行管理システムの構築に取り組んでいます。
> 　進行管理システムでは、職員の、いわゆる"行政評価疲れ"とならないよう、精密な内容であった行政評価調書を簡素化するとともに、約400の事務事業から50事業を選定することで、一つの事業に十分な議論の時間を確保し、行政評価の効果・実効性を高めました。
> 　また、すべての調書を市民に公開するため、職員には、市民にわかりやすい調書の作成を促すとともに、評価を行う事業については市民に意見を募集し、その意見を踏まえながら行政評価を行うなど、市民の参画により総合計画を推進しています。

> **コラム**　　　**京丹後市の行政評価の取組**
>
> 　　　　　　京丹後市財務部行財政改革推進課主任　**中江孝吏**
>
> 　本市の行政評価の特徴としては「評価調書の簡素化による評価事務の省力化」「必要な事業や費用対効果の点で問題がない事業でも、あえて縮小再編する可能性を考える"歳出抑制の視点"からの評価」「外部評価での十分な議論（1施策につき2回のヒアリングを行い、事実誤認と担当部署の説明不足を解消）」などが挙げられます。
> 　「内部での事務事業の見直し機能の向上」「組織横断的な施策における部局間の連携」「評価結果の次期総合計画や行財政改革大綱への反映」など、まだまだ課題もありますが、これまでに試行錯誤を重ねながら、評価手法の見直しを行った結果、事務事業の見直しなどについて、一定の成果につながりつつあります。
> 　平成27年度からの合併特例措置の終了を控える中、更なる行政サービスの向上と効率化に取り組んでいかなければならないことから、今後も、行政評価を始めとした様々な行財政改革を推進し、持続可能な行財政運営に生かしてまいりたいと思います。

コラム　「公(public)=みんなのもの」と言う考え方

南山城村産業生活課魅力ある村づくり推進室長　**森本健次**

　2011年の夏、ある研修で米国ポートランドのまちづくりのキーになっているネイバーフッド・アソシエーションの取り組みに触れる機会があった。彼らは報酬も権限も予算もないのに、地域をより良くするためと言う一点に集約された真摯な議論を行っている。
　日本の行政と地域住民の関係と言う枠組みから見ると不自然に思える行動も、彼らにすれば「公(public)、みんなのことを自分たちで担う」と言うごく当たり前なことで、「なぜ日本ではやらないのか？」と言われるに違いないと後で気づく。そもそも日本でも「村」は生活の場となる共同体の呼び名であったように、「結い」や「もやい」と言う形態で地域で暮らすために当たり前に維持されてきた「みんなのこと」があった。今の時代に求められるのは、その「みんなのもの」を維持し続けるために何をすべきか？を地域と共に考えると言うプロセスであって、それが「協働」の始まりなんだと思う。

コラム　「行革」って何なのか（今の考えを整理してみました。）

木津川市総務部財政課行財政改革推進室係長　**中谷美知郎**

いつか、あなたの定義も教えてください。自分で考えること、制約の中でも工夫はできることを忘れず取り組みたいと思っています。

●社会（人口、経済、法律、環境、技術、意識…）は変わる。
　だから行政も変わらねばならない。そのための仕組み＝【行革】

現行事業の改善・廃止	新規事業の工夫・精査	資産のマネジメント	組織のマネジメント	スタッフの意識改革
事業仕分け 事業評価 職員提案	協働型事業 0予算事業 見直し条項	資産台帳 施設白書 公債管理	行動計画 部局目標 枠配分予算	人材育成 人事評価 庁内レター

←【様々なツール（例）を結び、軸となる全体システム】→

第4節 人材育成と行政改革

杉岡 秀紀（京都府立大学 公共政策学部 講師）

1 はじめに

筆者は平成19年から20年まで内閣官房行政改革推進本部事務局」で仕事する縁があり、当時は日々「行革」に取り組んでいた。「行革」とは、「国や地方政府の行政機関において組織や機能を改革する」ことであり、その多くは行政組織の効率化、経費削減のための公務員の配置転換、免職といったことを意味する。またその歴史は、広義にはそのルーツは明治維新までさかのぼる訳だが、狭義には、昭和37年の「第一次臨時行政調査会」以降の各種「行革」のための審議会や委員会による答申及びそれを受けての実際の取組を指すことが多い。とりわけ「国鉄分割民営化」「省庁再編」「公益法人改革」「総人件費改革」などは、その規模の大きさから、「大改革」となり、また、「中曽根行革」「橋本行革」「小泉改革」などは歴代の政権の一丁目一番地として進められたこともあり、言葉としても「行革」は一定市民権を得た。ともあれ、そのよ

うな歴史的経過もあり、本稿で取り上げる地方自治体の「行革」についても、確かに一部自主的な取組があったものの、その多くは国からの余波を受けた受動的な取組が多かった。特に21世紀に入っては、「行財政改革」「市町村合併」といった分権改革と統治機構改革が同時に進められたことにより、地方においては「自治」のあり方を再考する余裕もなく、結果としては、プロパー職員の定員削減、事業のスリム化あるいは廃止などによるさまざまな弊害や副作用が出ることとなった。現に京都府が府内の市町村行革担当者対象に行ったヒアリング調査[2]においても、「集中的に人員削減した結果、年齢バランスが大きく崩れてしまった」「プロパー職員は確かに減ったが、その分非正規の職員が増えたため、総数は変わっていない」「プロパー職員が減り、逆に一人あたりの業務量が増えた」「改革のためとはいえ、資料づくりに奔走され、体力的にも精神的にも相当疲れている」といった声が多くの自治体から寄せられている。したがって、これからの地方自治体における「行革」を考える場合には、人員定数の適正化、行財政の健全化などという「量」的側面だけでなく、これまでの「行革」を踏襲するだけで本当に良いのか、ということを一度疑わなければならない。それはつまり、住民サービスや住民満足度という「質」的側面に正面から向き合うということである。

そこで以下では、そもそもあるべき地方自治体にとって「行革」とは何かという根源的な問いに対する筆者なりの見解を明らかにした上で、先進事例のヒアリング調査結果を踏まえつつ、既存の「行革」では完結しえない「もうひとつの自治体行革」のあり方について論じていく。

2 「行革」のミッションとは何か

ここでは、まずそもそも地方自治体における「行革」のミッションとは何か、ということについて、筆者なりの見解を明らかにしておきたい。結論から言えば、それは地方自治法第1条第2項に最大のヒントがある。

> 第1条の2　地方公共団体は、住民の福祉の増進を図ることを基本として、地域における行政を自主的かつ総合的に実施する役割を広く担うものとする。

つまり、重要なことは、地方自治体の役割とは「住民の福祉の増進を図ること」であり、翻って、改革の有無に関わらず、行政サービスがそこに繋がっていなければ、本来の役割を果たせていないということである。果たしてこの観点からここ数十年の地方における「行革」を見た場合どうだろうか。そもそもこういう視点での検証はなされてきたと言えるだろうか。確かに事務事業評価や政策評価、あるいは事業仕分けなどさまざまな行政評価の手法が登場し、一定の普及が見られるようになったものの、兵庫県など一部の自治体を除けば、「行革」そのものを総点検したという話はあまり聞こえてこない。また、ここでもう一点注目すべきは、条文に出てくる「自主的」という箇所である。というのも、これは憲法の第8章（地方自治）第92条で規定する「地方自治の本旨」と密接に関係すると考えられるからである。

> 第92条　地方公共団体の組織及び運営に関する事項は、地方自治の本旨に基づいて、法律でこれを定める。

つまり、地方公共団体の組織及び運営に関することは、本来すべて「地方自治の本旨」、すなわち「団体自治」と「住民自治」を無視して決めることはできないという定めがある。にもかかわらず、先述のとおりこれまでの「行革」はどちらかと言えば「国の」「主体性」はそこまで重んじてこられなかった。

以上をまとめれば、今までの「行革」とは、国も地方も、一言で言えば国主導であり、中身も公の領域を減らしたり、移したり、あるいは名称を替える、といったものばかりであった。したがって、地方から見れば、「受動的」とならざるをえず、もっとも重要な「何のための行革か」「誰のための行革か」という視点が弱いままに現在に至った、と小活できる。翻って、今後の地方自治体における「行革」には、分権社会の今だからこそ、改めて「地方自治の本旨」に則り、「住民福祉の増進」のための「行革」となりえているかどうかを常に確認することが求められる、ということである。言わずもがな、これこそが地方自治体が掲げるべき「行革」の本来のミッションであり、その要諦は「量」の問題だけではなく、むしろ「質」への注目にそのヒントがあると筆者は考える。そして、結論を先取ればそれは「人材育成」に辿りつく。そこで以下では先進事例の調査結果も踏まえ、このことを明らかにしたい。

3 愛媛県「行革甲子園」の取組

愛媛県は、平成の大合併前には70の市町村があった。しかし、平成15年から市町村合併が進み、現在は20となっている（全国4番目の減少率）。もちろん「組織改革」や「統治機構改革」も「行革」の本丸ではあるが、愛媛県としては、そもそも評価の前に「まず市町村間での情報共有の場をつくる必要があるのではないか」との問題意識を持ち、今回取り上げる「行革甲子園」を構想するに至った。なお、甲子園そのものは高校野球の代名詞であるが、近年は「○○甲子園」など色々なテーマを冠につけて、チームで競い合う取組が多く見られる。今回取り上げる「行革甲子園」についても、まだ全国規模ではないものの、その一環と言える。

「行革甲子園」の概要については表1のとおりである。まず特筆すべきは、県内全ての市町が参加したこと、そして、一自治体につき平均3事例もエントリーがなされたことであろう。また、募集部門には「人づくり」「地域づくり」という人材育成視点、住民自治視点の項目も入れられた。この背景としては、中村時広愛媛県知事の強いリーダーシップがあり、知事自体が前職の市長時代（平成11年～22年）に自治体行革の当事者として経験があったことが大きい。また、市長時代に培ったネットワークが活きたであろうことも想像に難くない。次に、二次審査については64から6事例まで絞られた上でのプレゼン選考であったため、レベルの高い競争環境が整えられたことも特徴的である。具体的には、一次審査では地方自治に造詣の深い大学教員、二次審査では、

表1 「行革甲子園」の概要

テーマ	共有と創意工夫による行政改革の推進
目的	平成の大合併以降の、①行政運営の効率化事例、②新しい行政運営手法の導入事例の情報共有
実施日	平成24年10月10日
参加市町村数	20市町（64事例）
応募分野	①組織づくり、②人づくり、③地域づくり、④体力づくり
審査プロセス	一次：書類選考により64事例から6事例を 二次：プレゼンテーション選考により6事例から1事例を選出
審査員	一次：関西学院大学・小西砂千夫教授、愛媛大学・兼平裕子教授 二次：小西教授、兼平教授、中村愛媛県知事、愛媛県内市町長、外部審査員（福岡県大野城市）
審査のポイント	①創（創意工夫あふれる取組）、②効（費用対効果の高い取組）、③種（他にアイデアの種を提供する取組）の三拍子が揃い、最も参考となったと思われる取組
選考結果	えひめ行革大勝：西予市

知事、県内の各市町の首長、県外自治体職員も加わり、「専門的」「内部」「外部」と多角的な視点からの審査が行われた。職員からすれば、ここまで多様かつ多くの方に自分たちの考えを伝えたり、また伝えられたりする機会は少ないだろう。近年の自治体職員の採用をめぐっては「プレゼン面接」を導入する自治体も増えているが、まさにプレゼン力が求められる時代に突入した象徴のような取組でもある。

ただし、当然のことながら課題も少なくない。筆者らが実施したヒアリング調査[4]によれば、行革事例を発表し合う場を設けること、市町の担当者からは当初幾ばくかの反発があったという。この「行革甲子園」が翌年度より隔年開催（平成25年度は情報交換会のみの開催）となったのも、そうした反発や負担感を考慮してのことだろう。また賞そのものが、「えひめ行革大賞」のみであったため、大賞を取った西予市にとっては宣伝効果も含めて相当メリットがあったものの、残りの19の市町の一部には、「負担が大きかった割には効果が薄い」という声もあったようだ。これもすぐに克服できる課題と言える。しかし、これについては、次回の開催時には、もう少し賞を増やすなどし、むしろ最大の課題として浮かび上がるのは、この行革甲子園の本番に「住民（参加）の視点」「地域づくり」が弱かったことである。せっかく「組織づくり」「体力づくり」以外に「人づくり」という分野も設定したにも関わらず、事務局に確認したところ「当日の県民の参加30人以下であったのではないか」とのことであった（大学生を除けば、ほとんど県民の参加がなかった可能性もある）。県内の全市町が出揃い、「甲子園」という分かりやすいタイトルにも工夫が施されていることを鑑みれば、こういう時こそ県民にPRするチャ

第 2 部 住民満足度につながるもうひとつの「行革」 84

ンスであったはずである。また、PRだけでなく、それぞれの「行革」がはたして住民サービスや住民満足度の向上、ひいては、住民福祉の増進にどれだけ寄与したかをチェックする最大の好機でもあったのではないだろうか。欲を言えば、住民とともに取り組んだ「行革」の事例では住民を巻き込んで発表する部門もあっても良かったかもしれない。

ともあれ、この「行革甲子園」という新たな「行革」は、住民の視点の担保、住民を巻き込む、というところに幾ばくかの課題を残しつつも、「自治体行革」のあるべき姿を考える上で、また都道府県レベルの広域の「自治体行革」を考える上では社会に一石を投じる事例となった。今後は他都道府県との連携やネットワーキングにより、さらに広がりそうな伸びしろもあり、これからも注目したい取組である。

4 西予市「未来せいよ創造プランプロジェクト」の取組

さて、そのような「行革甲子園」において、頂点にあたる初代の「えひめ行革大賞」に輝いたのが西予市（市長：三好幹二氏）の「未来せいよ創造プランプロジェクト」であった。

西予市は平成16年に明浜町、野村町、宇和町、城川町、三瓶町の5町が合併してできた新しい市である。人口は約4万2千人、高齢化率は約36％で、主な観光資源としては、古い町並みを残した重要伝統的建造物保存地区や名水百選に選ばれた観音水、稲の収穫が終わった水田に作られた「わらぐろ」のライトアップなどがある。何より山と海の標高差が1400メートルを超える

自然が自慢の町である。さて、そんな西予市の「行革」の取組が本格化したのは、合併の翌年にあたる平成17年の「第一次行政改革大綱」（以下、第一次行革大綱）策定の時であった。しかし、長引く景気低迷や社会構造の急速な変化、特例措置がなされる普通交付税の毎年の削減などを受け、早くもこの大綱だけでは事足りない状況へと変わっていった。その証拠に平成20年に市が実施した市民アンケートによれば、「第一次行革大綱に基づく市役所の行革が実感できるか」との問いに、実感できないが34％、分からない・無回答が36％、実感できる・少しは実感できるという人はわずかに30％という結果となった。そうした住民の声も踏まえ、今回の「行革甲子園」にも深く関わる「第二次西予市行政改革大綱（以下、第二次行革大綱）」が制定されるに至った。第二次行革大綱では、平成22年度〜26年度までを対象期間に定め、①西予市の持続安定社会づくり、②西予市の行財政基盤づくり、③共に考え、共に創る協働社会づくりの3つが基本理念に掲げられた。具体的には、事務事業等の見直し、時代に即応した組織・機構の見直し、健全な財政運営、定員及び給与等の適正化など24の推進項目、53の実施計画が立てられた。他自治体と比べて、さほど大きな特徴はなく、いわゆる平均的モデルである。

しかし、この計画策定（Plan）を受け実際に取組まれた動きがまさに西予市を「えひめ行革大賞」に導くことになる。まずは対住民の視点の確保（See）である。西予市では、行革に市民の意見を広く反映させるために市民代表20名から成る「西予市行政改革推進委員会」（以下、行革推進委員会）を設置し、西予市の行革の推進に関する重要事項を審議するとともに、第二次行革大綱の進捗状況を管理する「評価」の仕組みを創設した。当然のことながら、この20名の意見だけをもっ

て、全市民の声を反映したとは言えない。しかし、少なくともこのような「市民参加」の視点、「市民の目」を自治体内に取り入れたことに意義があろう。そして、第二次行革大綱では、副題として「それぞれの人が喜び、それぞれの地域が輝き、市民が納得する西予市に」ということを謳い、「誰のための行革か」ということが全面に押し出された。そして、今回もっとも注目すべきは職員の「未来せいよ創造プランプロジェクト」の取組（Do）である。このプロジェクトでは、第二次行革大綱をさらに推進するエンジンを作るべく、担当の所管課を越えた、全庁的なネットワーク組織「若手職員行革チーム」が設置された。このチームのミッションには、①若い職員の自由な発想で事務事業を徹底的に見直し、抜本的な行財政改革を実施する項目を見つける、②縦割り意識から、横断的な発想ができる職員を育成する機会とする、③もって、交付税の約20億円の減額に対応する、の3つが掲げられた。つまり、いわゆる「行革」や「行財政」改革と呼ばれる「減らす改革」だけでなく、むしろその機会を「若手職員の政策形成能力アップの機会」と捉え直し、担当業務の外から財政や政策、予算の仕組みを理解する機会、そして、思い切った発想を生む機会へと再定義したのである。具体的なプロセスとしては、平成22年の夏からこの取組はスタートし、所属課長の推薦により選抜された係長・専門員・主査級90人を16のグループ別に、399事業、総計の36施策、1470の事業の見直しが行われた。その結果、約8ヶ月後には、399事業、約6億円の改善・改革案が市長に提案され、翌年度から実際に3億円の削減が実現した。そして、この結果は先の行革推進委員会にも報告され、現在は、提案のあった改善・改革案についての計画書が作られ、進行管理だけというフェーズに移行している。

以上が西予市の自治体行革の概要であるが、この取組の成果は、単に3億円分の事務事業の見直しにとどまらず、「世代間のネットワーク形成」「合併後の職員の一体感の形成」「若い層からの意識改革の波及」「問題意識の創出による自己学習の推進」「業務を遂行する使命感の向上」という付加価値、すなわち「人材育成」が「もうひとつの行革」すなわち「自治体行革」につながったことに最大の注目点がある。そして、「行革甲子園」の話に戻るならば、西予市では、行革甲子園のためにこうした活動を始めたのではなく、まさに若手を中心に、市民サービス向上に資する職員集団を構築し、自律的かつ日常的に活動を展開していたところに「行革甲子園」の話がたまたま飛び込んできた。その結果がたまたま「えひめ行革大賞」なのである。つまり、ここに今までの「行革」には見られなかった自主性も見出せよう。

5　おわりに

一般的に地方自治体にとっては「人材育成」ではなく、「職員研修」と書いた方が「行革」のイメージがしやすいだろう。しかし、現行の「職員研修」は、実施主体が自治体か研修所などかという別をおいて、概ね新採研修、階層別研修、テーマ別研修と個別の集団やテーマに絞られるものが多く、またその対象も自治体職員に限定されることが多い。また、稲継（2009）が指摘するように、そもそもこうした研修そのものの効果については、実は〈仕掛ける側〉、すなわち任命者の狙い通りにはなっていない現実もある。その意味では、既存の「職員研修」だけでは、これ

までで論じてきた「もうひとつの行革」「自治体行革」にはやや距離がある。翻って、実際に「自治体行革」が進んでいる地方自治体では、「職員研修」の枠を越えての取組が進んでいるところが多く、そこには必ず「主体性」、あるいは「自学」というキーワードがそこにはあるのである。そして、これこそが今後求められる新しい公務員像、地域公務員像（稲継、2012）に他ならない。誤解を恐れずに言えば、人材育成と「行革」というのは本来切っても切り離せない関係であり、西予市が「大賞」を獲得したことは、むしろ王道を貫いた結果にすぎないとも言えよう。

　以上、本稿では、単に国からの、あるいは受動的な改革では限界があること、翻って、その原点を再確認し、自律性に基づく「行革」に立ち戻る時に新たな創発、とりわけ「行革」と「人材育成」がハイブリットにリンクする「もうひとつの自治体行革」が生まれることを先進事例の考察から再確認した。ピンクのモチベーション論になぞらえれば、今はこれまでのアメとムチによる「行革2.0」から、自立性・熟達度・目的意識に基づく「行革3.0」への転換期と言えるだろうか。最後になるが、今回のヒアリングの調査中で担当職員から再三出てきた言葉は「行政も人なり」という言葉であった。本稿のテーマに当てはめれば、つまるところ「行革も人なり」ということになるだろう。「改革」を生かすも殺すも、結局は「人」次第である。

付記

本稿は筆者の個人的な見解に基づくものであり、ここで取り上げた自治体の公式な見解ではありません。

参考文献・資料

稲継裕章（2009）：『プロ公務員を育てる人事戦略』ぎょうせい。

稲継裕章（2012）：『地域公務員になろう』ぎょうせい。

愛媛県ウェブサイト（http://www.pref.ehime.jp/h10800/shichoshinko/renkei/gyoukakukoushien.html）（2月1日閲覧）

西予市（2006）：「総合計画ダイジェスト版 夢創造 せいよ21」。

西予市（2008）：「第二次西予市行政改革大綱」。

ダニエル・ピンク（2010）：『モチベーション3.0』講談社。

1　主たる業務は社会保険庁改革で、「年金業務・組織再生会議」の運営を担当した。

2　平成25年5月13日～6月26日実施。

3　IT・簿記、商い、アニメ、アプリ、生け花、宇宙、うまいもん、映画、H—1、笑顔、エコノミクス、M—1、演劇、鉛筆、お米、音楽、神楽、かるた、観光、聞き書き、クイズ、グルメ、ケータイ、古民家フォト、詩、写真、書、食、スイーツ、吹奏楽、そろばん、短歌、ディベート、ネイル、年賀状、バイオ、俳句、パソコン、ファッション、フィッシング、フードデザイン、フラガール、プレゼン、ものづくり、理容など。

4　平成25年8月26日に愛媛県総務部管理局市町振興課及び西予市総務企画部企画調整課行政改革推進係にヒアリング調査。

コラム　綾部市の勤務評定制度について

綾部市総務部長　中野　誠

　先日は、事例報告の機会をいただきありがとうございました。
　綾部市の勤務評定制度は、職員の努力に対して客観的に評価してほしいとの意見から、平成18年に本格導入したものです。
　試行も含めると１０年近く勤務評定制度に取り組んできており、評定者（管理職）には日常的な観察記録や半年ごとの面談など、通常業務とは別に大きな負担をかけてはいるものの、職員の意欲及び能力の向上に一定の効果が表れてきているのではないかと思っています。
　しかしながら、勤務評定制度が住民満足度の向上を見据えた取組になっているかと問われれば、現時点では、そこまで見据えることは少し困難ではないかと感じています。
　実務を担当する者として、まずは評定者への継続的な研修により評定結果の精度を高めるとともに、被評定者の納得感が得られる面談に努め、職員一人ひとりの意欲を引き出せるよう取り組んでいきたいと考えています。

コラム　久御山町にふさわしい人事評価制度を目指して

久御山町総務部総務課庶務係長　田中友美

　本町では、住民ニーズが複雑・多様化するなかで、職員の能力を効果的に活用し、人間力を高めるため、「人材育成基本方針」に基づいて、計画的に人材育成に努めています。その中でも、平成24年度から2年をかけて、人事評価制度の構築に向けて試行実施に取り組んでいるところですが、この制度をいかに本町版にカスタマイズできるのかが、重要な鍵を握っていると考えています。
　試行段階の今、職員は初めての取組みに戸惑いながら、前向きに評価や面談等に取り組んでいます。この制度が定着すれば、自分の強みと弱みを自覚して、自分の能力を高めるという「職員が気づき、考え、行動する」育成型の人事評価制度が実現すると感じています。
　本町のような職員同士の顔が見える少人数の職場では、制度がプラスに機能するように、これまで以上に職場のコミュニケーションを密にして、職員の声を反映させながら制度完成を目指していきたいと思います。

コラム　ミッション「民間事業者と協働で新商品づくりを」

宮津市企画総務室職員係係長　**梅本禎久**

　市長から、このミッションを職員研修で…。研修担当としてはどうすればよいか分からずに戸惑いを覚えつつも企画担当職員の協力を得ながら制度設計。こうして「まずは、やってみよう」をスローガンに、職員がチームを組み、市民の中に飛び込み、事業者の理解を求め（ときには断られたり…）、試作品の共同製作、販売体験といった実践取組みを通じて、事業者と一緒になって考え、一緒になって導き出すという座学では学べないことを肌に感じる良い機会となりました。また、庁内での企画立案等を通じて、職員間コミュニケーションの活性化、目標達成を目指す職員同士の連帯感の醸成が図れたのではないかと感じています。
　また、行政においては、NPO法人、大学、各種団体など様々な主体と連携して事業を推進していくことがある中で、こうした気持ちを通じ合わせる経験が、本来の業務に役立つことにつながればと思っています。

コラム　　　　人材育成について思うこと

精華町総務部総務課長　**岩崎裕之**

　人材育成に取り組んで10年が過ぎました。この間の行財政改革に伴う職員削減により、いかに少数精鋭でまちづくりに取り組むかを命題としてきましたが、地方分権による権限移譲なども重なり、職員が疲弊してきています。
　事務処理能力に優れた優等生職員は多いのですが、現状に満足せず、自らの手で変革しようという気概を持った職員が少なく、この難局を乗り越えるのは、難しいのではないかと危惧しています。
　「一歩踏み出さなければ何も始まらない。立ち向かわなければ解決しない。」ある自治体の職員の方の言葉ですが、非常に重みのある言葉で、肝に銘じています。
　東京大学名誉教授の大森彌先生の講義で教えていただいた、自治体職員に最も必要な人柄の要素の一つである「感性豊かな持ち主」を採用時にいかに見極め、育てるか、そして「傍観者や評論家的職員は創らない」よう今後も腐心したいと思います。

第5節 公共施設マネジメントの取組と、課題、今後の展開について

堀 政彦（京都府総務部自治振興課 主査）

1 はじめに（背景、経過等）

地方公共団体に係る近年の動向の一つである財務諸表（貸借対照表、行政コスト計算書、純資産変動計算書、資金収支計算書）の整備については、平成18年頃から各地方公共団体で整備が始まり、総務省の調査結果によると、平成23年度決算に係る財務諸表は平成25年3月時点で全国の約96％の団体で作成済又は作成中となっている。

財務諸表、特に固定資産台帳の整備により地方公共団体の資産の状況が一定明らかになると、インフラ資産の老朽化・更新問題が重要な課題として認識されるようになってきた。高度経済成長、人口増加に対応するため、短期間に集中してインフラが整備され、今後、老朽化が進み、集中して更新時期を迎えるという問題であり、平成24年12月の中央自動車道笹子トンネルの天井板落下事故の発生もあいまって、社会問題としてもクローズアップされてきた。「公共施設等の更

2 京都府における取組

(1) 平成24年度の取組

まずは取組状況の実態調査を行った結果、既に公共施設白書の作成等の取組を進めている団体がある一方で、所有・管理する公共施設等の全体像を把握できていない団体があるなど、取組状況に差が生じている状況にあることがわかった。

公共施設の更新問題は特定の市町村固有の問題ではなく、全ての市町村に共通する問題であると思われるため、問題意識の醸成や取組のきっかけづくりをしながら、また、基礎データの収集等市町村の取組を支援するため、市町村担当者と意見交換をしながら、公共施設の老朽化・更新問題の総論的な部分について「研究報告」としてとりまとめ市町村に送付したところであり、その主なポイントは次のとおり。

[研究報告のポイント]（報告書の抜粋…図1〜4）

「新問題」に対応するには、保有する公共施設を総合的に把握し、財政運営と連動させながら施設・提供サービスを管理・活用するという「公共施設マネジメント」が必要となる。京都府においても市町村における重要課題の一つとして捉まえ、市町村支援の取組を進めてきたところであり、その取組内容を踏まえ、課題、今後の展開等について考えてみたい。

第1章「マネジメント」の必要性（公共施設をとりまく状況の変化）
・人口、年齢割合の変化（人口推移、将来推計人口）
・社会保障関係経費、維持補修費の増加（歳出構造の変化）
・地方交付税の将来見通し、合併算定替の逓減
第2章 公共施設の整備の状況
・これまでの整備の状況（現在の状況）
・公共施設の状況（施設面積の内訳、住民一人当たりの比較）
第3章 将来の見通し及び対策の状況
・更新費用の試算（時期、更新費用）
・マネジメントの取組状況（実態調査結果）
第4章 公共施設マネジメントの取組フロー
・対応部署の設置（包括、横断的管理担当部署）
・データ収集（検討するための基本情報収集）
・公共施設総量の検討、受益と負担の可視化
・公共施設マネジメント方針の検討、策定

(2) 平成25年度の取組

(a) 市町村ヒアリング

取組が進んでいる市町村にヒアリングを行い、他市町村の参考となる事項等の情報収集を行った。各市町村の特徴は次のとおり。

◆舞鶴市（公共施設マネジメント白書等の作成）

行財政改革の一つとして取組を実施。平成23年度から全施設の建物、運営、利用状況等について調査を行い、それらをまとめた公共施設マネジメント白書を平成24年度に策定。その中で、総量抑制等の基本目標を提示。平成25年度に、市民アンケート調査の結果や市民会議での意見をふまえ、今後の公共施設のあり方を方向付ける再生基本計画を策定予定。

◆長岡京市（公共施設マネジメント基本指針の策定）

公共施設の老朽化により、公共施設マネジメントに取り組み、平成25年度に公共施設マネジメント基本指針を策定。老朽化した公共施設の更新に対応するため、総量抑制や有効活用等を基本に、今後、個別施設のカルテ作成、評価をしていく予定。

◆京丹後市（公共施設の見直し方針、公共施設見直し計画の策定）

合併市町村における取組。公共施設の数が多く見直しが必要という共通認識のもと、合併算定替逓減の対応策の柱の一つとして、平成24年に見直し方針を、平成25年に見直し計画を策定。合併時に施設情報が整理されていたこともあり、計画策定等は職員で対応。計画の実行にあたり、施設の譲渡に関するガイドライン等も作成され、計画に基づき廃止、移譲、管理方法変更等を推進。

◆和束町（固定資産台帳の整備）

府内市町村で初めての固定資産台帳の整備事例。町有資産が十分把握できていないことが課題であり、国の補助事業を活用して整備。台帳の整備と併せて基準モデルの財務諸表作成システムも導入。台帳整備の作業期間は約7ヶ月。作業開始前に資産の取り扱いについて詳細な打合せを実施。

（b）市町村連絡会議の開催

ヒアリングした市町村の取組内容を踏まえ、「公共施設マネジメントに係る市町村連絡会議」を開催

・研究報告の概要説明
・市町村の取組への支援策の紹介
・PHP総研主任研究員による基調講演
・取組を進めている市町村からの事例報告
・情報交換・意見交換等

（c）情報提供ホームページの開設

京都府のホームページに「公共施設マネジメント関連情報」のページを開設して、国の動向及び京都府の取組、府内市町村、他府県市町村の取組へのリンク等の情報提供を行い、随時更新。（研究報告及び市町村連絡会議の資料も掲載）

3 国の動向

最近の国の動向として、インフラ老朽化対策の推進に関する関係省庁連絡会議において平成25年11月に「インフラ長寿命化基本計画」が決定され、インフラ管理者である地方公共団体等においても、平成28年度までにインフラ長寿命化等の「行動計画」の策定が要請されている。

総務省においても、平成26年度地方財政への対応に係る説明会（平成25年12月）等において「公共施設等の総合的な管理による老朽化対策の推進」が示され、公共施設等の総合的かつ計画的な管理の推進を要請しており、計画（公共施設等総合管理計画）の作成経費及び計画に基づく公共施設の除却費用について財政措置を打ち出している。なお、この公共施設等総合管理計画は、前述の行動計画と同じものであるとの説明がなされている。

また、同省において、「今後の新地方公会計の推進に関する研究会」で新地方公会計制度の推進について検討が進められており、平成25年8月の中間とりまとめでは、公共施設の維持管理・更新等の把握の観点からも固定資産台帳の整備は必要不可欠とされた。現在、同研究会の作業部会において具体的な検討が進められており、平成25年度中に最終報告がとりまとめられる予定。

新地方公会計制度の面からも、公共施設マネジメントの基礎データともなる固定資産台帳の整備が迫られている。

http://www.pref.kyoto.jp/chiho/fm/fm.html

このような国の動きもあり、これまでは公共施設の老朽化・更新問題に積極的な市町村のみ取組が進むという状況であったが、国の要請等もあり全ての地方公共団体で取組が求められる時期に来ていると思われる。

4 市町村における課題（アンケートの結果から）

市町村連絡会議のアンケート「取組や検討をする上での課題又は課題となると思われること」の回答をグルーピングすると、

・ノウハウ不足で手探り状態
・マンパワー不足により実施が困難
・データを一元化すべきだが困難。データの管理も問題
・庁内調整（施設所管課ごとの意識の違い）
・住民との合意形成
・計画倒れの懸念（合意形成）
・多様な取組パターンからの選択

等が課題又は課題と想定とされており、これらを踏まえ、今後の取組の検討が必要である。

5 市町村支援に係る課題

市町村連絡会議アンケートの「今後、府に期待すること」に対する回答をグルーピングすると、

・連絡会議の継続実施
・テーマごとに細分化したより実務的な研究会等の開催
・財政的支援
・情報提供

等が府に期待されている。これらの中で情報提供については「公共施設マネジメント関連情報」のホームページの開設により、財政的支援については、公共施設マネジメントの取組に係る京都府の行財政改革支援等特別交付金、計画策定や計画に基づく公共施設の除却費用に係る国の財政措置により、一定対応されているのではないかと思われる。

テーマごとに細分化したより実務的な研究会及び連絡会議の継続実施ついては、「4 市町村における課題」でも、データ管理、庁内調整、住民合意形成等取組の各段階の項目が挙げられており、今後の取組の展開が必要と考えられる。

6 今後の展開

（1）研究報告の充実等

公共施設マネジメントの取組は、次のような側面・観点もあるため、取組を進める上でのポイントとして、更に充実を図る必要がある。

・行政だけでなく住民参画、住民合意、住民とともに進める取組
・量（箱モノ）ではなく質（提供するサービスの内容）への転換
・「統廃合」「削減」というマイナスだけでなく「まちづくり」への視点
・従来の縦割ではなく横断的な取組（公共施設等の総合管理）
・単なる行革ではなく、「過去の負債のたたみ方」「将来への投資」

（2）上下水等の生活インフラの検討

平成24年度にとりまとめた研究報告では、上水道・下水道といった生活インフラは含めていない。これらは公営企業であり独立採算が原則であるが、住民生活に直結するインフラであり、また、繰入金等により財政への影響もあることから、他の公共施設等と併せて検討する必要がある。

（3）市町村規模等に応じたアプローチ・手法の検討

京都府内の市町村には人口約19万人の市から約1600人の町まで様々な規模の市町村がある。市町村の規模や合併の有無、都市化の度合等によって、現状把握（データ収集）や対応方針の検討、住民合意形成といった取組へのアプローチ方法も異なると思われ、団体規模等の状況に

応じた手法やフローについて検討を進める必要がある。

(4) 段階・グループごとの支援策の検討

市町村における課題、支援に係る課題でもあったように、現状把握（データ収集）、分析、施設情報の可視化、方針検討といった段階ごと・進捗段階グループごとの、より細分化した研修会等の実施による取組支援も必要と思われる。

これらの課題・今後の展開について検討を進め、将来の財政負担を減らして持続可能な自治体づくりを目指して更なる取組が必要と考えている。

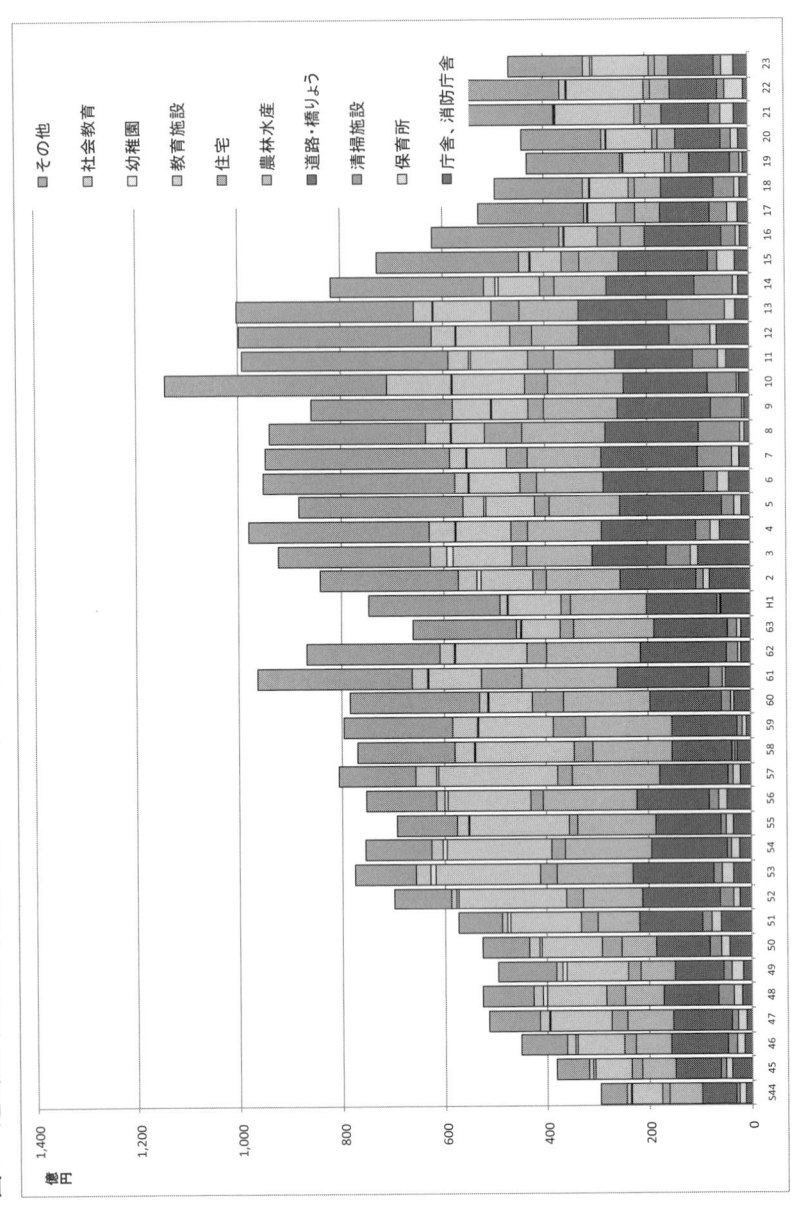

第2部 住民満足度につながるもうひとつの「行革」 102

図1 過去の公共投資の状況（S44～H23） ＊用地費除く、デフレータ反映（京都市除く市町村計）

凡例：その他／社会教育／幼稚園／教育施設／住宅／農林水産／道路・橋りょう／清掃施設／保育所／庁舎、消防庁舎

103　第5節　公共施設マネジメントの取組と、課題、今後の展開について（堀　政彦）

図2　公共施設面積の内訳（H24.3.31）（京都市除く市町村計）

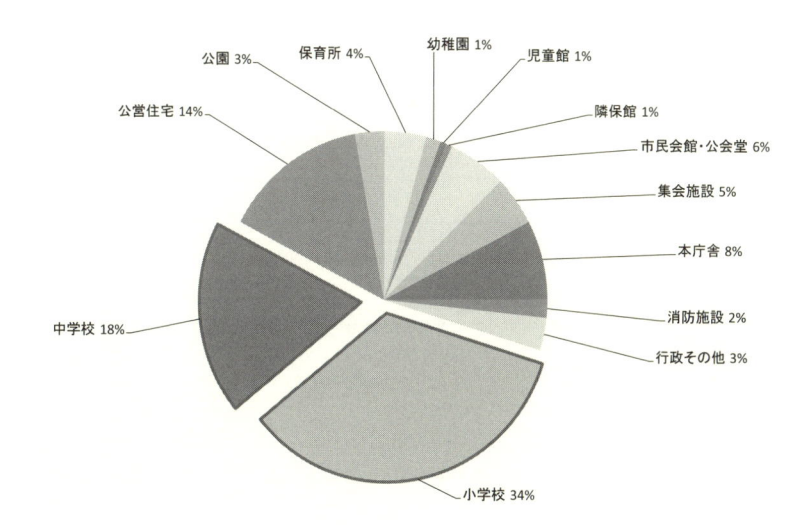

公園 3%
保育所 4%
幼稚園 1%
児童館 1%
公営住宅 14%
隣保館 1%
市民会館・公会堂 6%
集会施設 5%
本庁舎 8%
中学校 18%
消防施設 2%
行政その他 3%
小学校 34%

図3　更新費用に対する対応策　イメージ

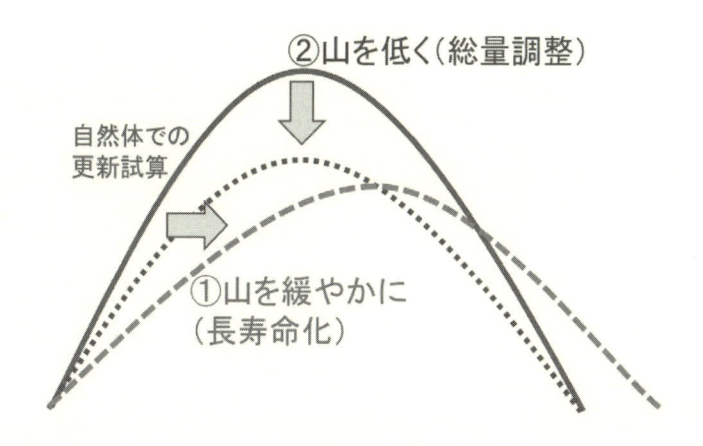

②山を低く（総量調整）
自然体での更新試算
①山を緩やかに（長寿命化）

図4 更新費用の試算（A市の例）

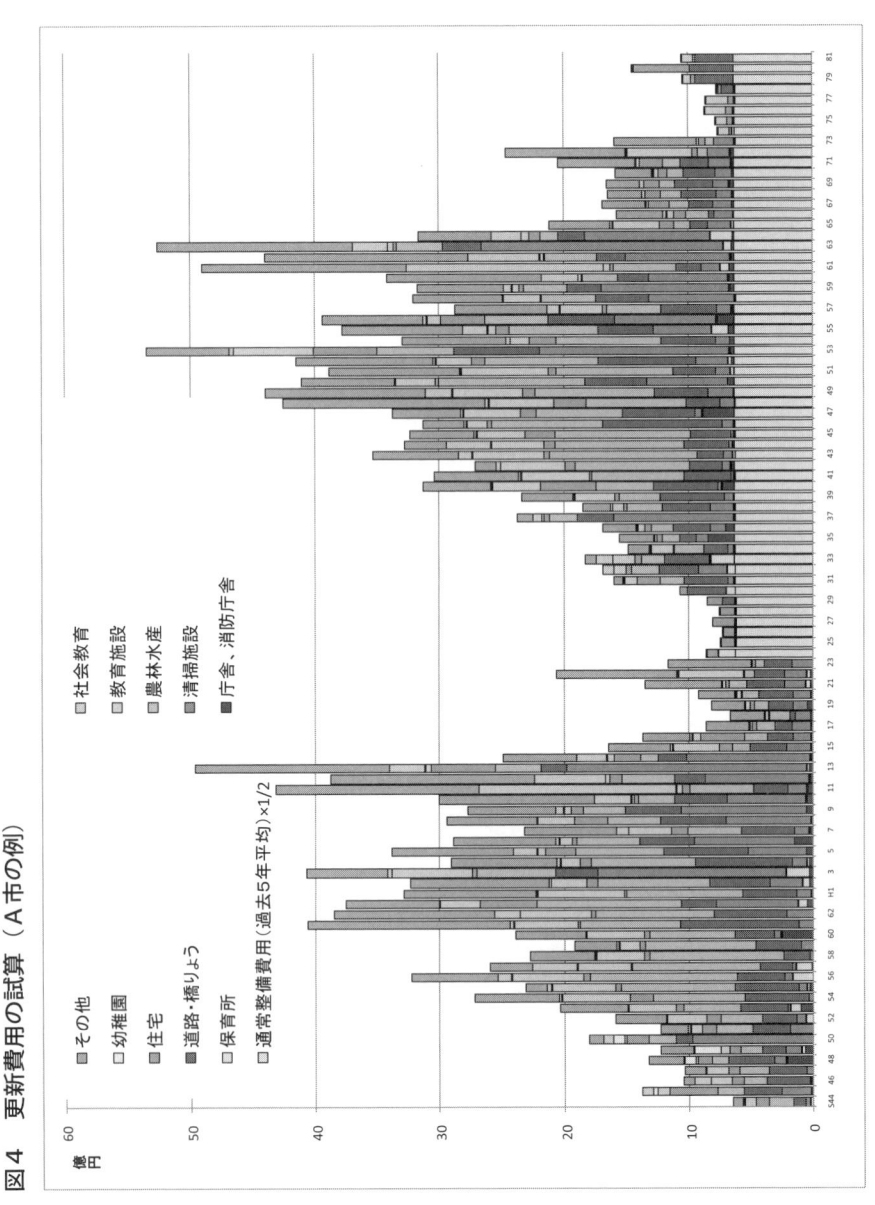

コラム　公共施設マネジメントとは？

長岡京市企画部政策推進課主幹　**志水忠弘**

　これからの社会情勢に対応した、本市の公共施設マネジメント基本指針が、施設の基礎的な資料作成やアンケート調査などに取組み、平成25年5月に完成しました。この基本指針を完成させたことは、評価の高いところだと思いますが、実のところ私は、30年間土木事業に従事しており、平成25年度の人事異動により現職となっただけで前任者の努力の賜物と思います。
　今後の取組みとしては、更に重要な公共施設カルテを作成し、施設評価、各施設の優先順位の設定を行う予定となっています。この評価や設定は、市民意見の反映方法、優先順の設定方法など、まだまだ大きな課題が残っていると思います。
　本市の基本方針の全項目の完成に向けて、私がこの1年で特に必要と感じたことは、他市の取組状況と他市職員との交流（先進地職員からのパワーを頂く）が、非常に有効な手法と感じていますので、そのような研修などの場の提供をよろしくお願いいたします。

コラム　行革の成果と課題

和束町総務課主事　**山村　誠**

　当町における行革の取り組みは、教育委員会の広域連合への統合、人件費の削減や退職者の不補充、公債費負担適正化計画に基づく町債の借り換え、保育園の統合等があげられる。結果、実質公債費比率は平成18年度21.6％であったが、平成24年度には17.5％まで改善した。また、職員数は平成15年度から平成24年度までの10年間で32％減少したが、職員数は減少する一方、住民ニーズは多様化し、職員一人当たりの業務量は増加しており、更なる業務の効率化が望まれる。歳出削減は一定の成果があったが、債権回収は大きな課題となっている。今後も歳出削減とともに歳入確保に努める必要がある。平成の大合併の中で、合併せず町単独で健全な行財政運営を進めていくにあたり、課題は山積みしているが、安定した住民サービスを確保するため、小規模町村ならではのきめ細かな行政を創意工夫し、住民と協働してまちづくりを進めていく。

第3部【座談会】
もうひとつの「自治体行革」とは

司　会：藤沢　　実　氏（京都府立大学准教授）
参加者：青山　公三　氏（京都府立大学教授・京都政策研究センター長）
　　　　小沢　修司　氏（京都府立大学教授）
　　　　窪田　好男　氏（京都府立大学准教授）
　　　　川勝　健志　氏（京都府立大学准教授）
　　　　杉岡　秀紀　氏（京都府立大学講師）
　　　　中越　　豊　氏（京都府総務部自治振興課市町村行革担当課長）

【開催日：平成26年1月30日（木）】

1　これからの市町村行革のあり方

藤沢　これからの市町村行革のあり方を考える前提として、府内の市町村における行革の取組の到達度や課題について、どのように捉えておられますか。

中越　今まで言われている行革として連想されるのは、平成17年から5年間行われた集中改革プランです。府内市町村においては、全体として目標数値を上回る水準で定数を削減してきました。ある自治体では、5年間で25％です。特に団塊の世代の退職ともあいまって、かなり急激に定数削減が各市町村で行われました。一方、短時間勤務など単純に比較することは適当ではありませんが、非常勤職員のウェイトが高まってきています。

そして、各市町村の年齢構成も非常にいびつな形になっています。ベテラン職員が大量退職したことによって、組織的な専門知識や業務、現場での対人折衝などのノウハウの継承が大きな課題になってい

座談会全景

司会：藤沢　実氏

るということは、各現場でもよく耳にすることです。一方、もう一つの切り口として民営化があります。地方自治法改正後、指定管理者制度が定着してきています。しかし、これが真にサービスの質向上につながっているのか、効率性と効果性が相乗効果を発揮しているのかといった点の検証や見直しが必要だと思います。

藤沢　富士山で言うと何合目といった形で、行革の到達度を客観的に評価することはできますか。

中越　何をゴールに置くかによります。例えば定数の削減ということであれば、もう頂上まで登りきって、これ以上やってもかえって弊害がある、限界値に達しているところも多いかと思われます。ただ、本来その改革の目的と実際の効果をしっかりと評価しきれていない事例もあ

杉岡　行革の先進事例として今年は愛媛県の「行革甲子園」に調査に行ってきました。第一回は西予市がグランプリを取ったわけですが、その内容はまさに、若手職員の行革に対する、いわば人材育成型の行革の取組が評価されたものでした。そして、県の行革甲子園の部門も、何をどれだけ減らしたか、ということを全面に押し出すのではなく、体力づくり、地域づくり、そして人づくり、組織づくりなど総合的なアプローチでした。つまり、愛媛県においては、地方自治体はそれぞれで自主的かつ創造的な行革に取り組み、都道府県は、こうした個々の個性ある行革を総合的に「見える化」「見せる化」するという役割分担をしていました。

「自ら考え、調査し、行動できる職員」が求められるように変わってきている時代においるのもあります。トータルにうまく好循環をされているところもありますので、市町村によっては5合目、6合目まで登っているところもあるかもしれません。

共通して言えるのは、トライ・アンド・エラーで、取り組んだことの反応を見ながら軌道修正してやっているような試行錯誤の段階です。行政の質向上をプロセスに組み込む行革はまだ途上にあり、総じて入口、あるいは2合目や3合目あたりを登っているというあたりかと思います。

藤沢　研究会では、先進事例の調査にもうかがいましたが、そういった事例から得られたヒントについては、いかがでしょうか。

ると思いますし、評価したとしても、次の処方箋が挙げられず、まだ登山口にも達していないという段階のも

て、人材育成からの行革を考える上で、これらの先進事例からわれわれが学ぶ点は多いと思います。

小沢 滋賀県野洲市の生活再建型滞納整理の取組は、各種の債権回収に悩む自治体にとってある意味夢のような取組となっています。

糸口は税や公共料金の滞納です。それを回収の対象とみるのか、住民の抱える生活困難の一つの現れと見るのかの違いです。住民が公共料金等の滞納相談に訪れればその窓口は市民生活相談課につなぎます。住民の抱えている困難の総体を次々に聞き出し、関係する行政の担当者を集め、多重債務を抱えていれば弁護士にもつなぎます。こうして、住民の生活再建が進み、抱えている多重債務が解消されたり過払い金の回収が進めば、行政に対する滞納も一掃されていきます。住民の生活の再建、住民の生活が再建されなくては債権回収にも成功したとしても滞納、未納は止むことはありません。

ポイントはいくつかありますが、相談業務の成果、公租公課の滞納額圧縮効果をHP等で「見える化」することによって、市民相談課につなげる意義を庁内で共有し、生活再建型滞納整理の意義を社会的に共有していることにあります。行政の縦割り意識を変え、住民の行政に対するイメージを変えていきます。まさにもう一つの「行革」の姿があります。

窪田 府内には行革にも評価にも熱心に取り組まれている自治体がいくつもあります。これからの市町村行革のあり方としてはやはり市民参加が重要でしょう。そもそも行革自体は、公共部門の失敗や非市場の失敗とも言われているようなものが自治体には必然的にあるわけですから、そうした構造的「欠陥」を補完するものです。国や自治体は地域独占や政策の効果や業務の効率性が測定しにくいという構造的な問題があるがゆえに、イノベーションが起きにくく、非効率になります。市民参加にはそうした

小沢 修司氏

構造的「欠陥」を補い、イノベーションのきっかけになったり、アイデアを取り入れたりということが期待されます。それをどういう形でやるか。例えば評価、あるいは総合計画づくりなのように参加してもらうのかによって、また随分、市民参加の中身も変わってくるでしょう。

藤沢 研究会の議論では、「住民満足度につながる行革」がキーワードになっていたと思います。この点について、いかがでしょうか。

川勝 なぜ住民満足度につながることが重要かということは、行革を誰のために、何のためにするのかという問いに対する答えでもあると思います。また、公務員や公共サービスの生産性とは何なのかを考えることでもあるのではないかと思います。公共部門の生産性は本来、どれだけ効率化したのかと

窪田 好男氏

いうことではなく、どれだけ住民生活の質向上に資することができたかという形で評価されるべきではないか、そして、それこそが生産性を測る基軸になるのではないかということ、そのような観点から評価されるということが望ましいインセンティブを生むのではないかと考えています。

そして、行革はまちづくりの観点から取り組むことが重要なのではないかと思っています。つまり、どういうまちの将来像と整合的な形で取り組むことが必要になってくるのではないかということです。私は「未来への投資」という言葉を使っていますが、そういう視点が重要ではないかと思います。

窪田 住民満足度や生活の質は、測れなくても視点として重要ということは誰もが同意する

川勝 健志氏

のでしょうけれども、やはり測れた方がいいわけです。では、どうやって測定するのかということと、さらに、国や民間の動きの影響を除去してある自治体の政策効果を特定すべきなのですが、具体的な方法はあるでしょうか。

川勝 今、長岡京市をモデルケースとして、いかにして今おっしゃったようなことを測るかということに挑戦する研究をしています。最終目標は、分析のフレームワークを構築することです。

具体的にその一端をご紹介しますと、まずベースとして、持続可能な発展という方向性を、その地域が持っているいろいろなストックの形でその源泉をとらえるということをまず考えます。地域には環境だけではなく、人的なストックやネットワークなど、いろいろなストックが存在するわけです。

青山 公三氏

が、それが蓄積されていくことが、持続可能な発展の方向に動いているという一つの目安になるということを評価軸として分析するというフレームワークの構築を試みています。

青山 アル・ゴアが副大統領に就任した一九九二年、彼はいわゆる連邦政府の行革推進本部の本部長になりました。彼が就任して開口一番に言ったのは、行政改革とは、人を減らすことでも、財政支出を減らすことでもなく、行政サービスの水準及び質を上げることであるということでした。そこで、行政サービス水準を「見える化」する作業が要るということで出てきたのが、ベンチマークの発想です。

ベンチマークとは、表現しにくい数字をいろいろな数字で代替して目標水準を決定していくということですが、そのプロセスにおいて市民を巻き込むということを、水準を決めていこうではないかということを、オレゴン州などは行っていました。その指標を決めるプロセスが、まさにまちづくりの議論だったのです。

まちづくりの議論で目標水準設定をして、それに向

杉岡　私は実は行革の先にあるものは、自治のあり方を問う、ということではないかと思っています。どういう意味かと言いますと、地方自治は憲法の中の第八章で謳われている訳ですが、わが国ではこの第九十二条で謳う地方自治の本旨をある意味守ってこれませんでした。つまり、これまでは団体自治が住民自治に優先するのか、住民自治が団体自治に優先するのか、あるいはそれらは両輪なのか、を曖昧にしたまま、団体自治の改革論だけが先に走ってきました。端的に言えば、これまでの行革は、実は「自治体改革」であって、「自治改革」になってこなかったということです。翻ってこの「行革」というのは、実はそのことを問えるチャンスではないかということです。これは最近の「新しい公共」とは何かという議論とも重なると思いますが、自治とは自治体のことだけ考えるのでない訳ですから、改革を考える際には、本来はどこまでが行政の問題で、どこからかって行政のサービス、あるいは行政の事業はどこまでできたのかをチェックしようとしたのです。自治のあり方を問う事には、実は自治のあり方を問う事を避けられません。ここにこそ我々が取り組むべき余白があると思いますし、かぎ括弧付きの「改革」から、「もう一つの行革」への糸口やヒントが隠されているのではないかと思います。

窪田　最近、京都市は政策評価での一環で市民の感じる幸福度を調査していますし、京丹後市も他の自治体と幸福度調査についての研究会をつくっています。幸福度というものに関心が寄せられているわけですが、幸福度とクオリティ・オブ・ライフの関係はどう考えるとよいでしょうか。

川勝　私は幸福度とクオリティ・オブ・ライフは一応区別しています。幸福度は、クオリティ・オブ・ライフの構成要素の一つではありますが、クオリティ・オブ・ライフそのものではないからです。もちろん、各種施策、公共サービスが住民の方々の幸せにつながるかどうかということとも非常に関

が市民の問題で、そしてどの部分が協働領域の問題なのかが突きつけられるという訳です。したがって、行革の先には、実は自治のあり方を問う事を避けられません。ここにこそ我々が取り組むべき余白があると思いますし、かぎ括弧付きの「改革」から、「もう一つの行革」への糸口やヒントが隠されているのではないかと思います。

連しています。ですから、先ほど申し上げた分析のフレームワークづくりは、何が幸せ、さらにはクオリティ・オブ・ライフの向上につながるのかという経路を解明することを目的に取り組んでいます。

中越 住民満足の意味合いをもう一度とらえ直す必要があります。行政が右肩上がりの時代には、あらゆる住民ニーズに対してできるだけ多く応えてやっていったのです。一方で、行政の肥大化によって地域力を弱めていった側面もあります。住民満足というニーズを行政が全て充足する時代はおそらく終わっていると思います。ではどうするのかという時に、住民満足を全て満たせないということを前提として考えたときに、やはり住民の理解を得る、納得してもらう。逆に隙間があって、その中から自らができることを見出してもらうということが一つ必要な視点になってきます。実際にそれが見つかったときには、地域での居場所づくりや生きがいにもつながってくるのではないかと思います。

杉岡 イギリスのバーミンガム市に3年前ぐらいに調査に行ったときのことです。当時のイギリスは、「第3の道」のブレア政権からキャメロン政権に替わって、財政をキーワードとする「BIG SOCIETY」をカットして、地方自治体も行革を進めざるを得ない状況に追いやられていました。そんな苦しい時に市役所の方は冷静な表情で、「お金はなくなるけど、サービスの質は下げられない。そこで、日本のふれあい切符制度を今、勉強している」とおっしゃっていました。「ふれあい切符制度」とは、さわやか福祉財団の堀田力さんが始めたもので、要はボランティアをすればスタンプがたまっていって、自分がいざ介護を受けられるときになったら、そのスタンプでサービスを受けられる、あるいはそれを自分の家族にも譲ってもいいという。世界的にはタイムダラーという名前で流通していますが、地域通貨のようなものです。ここにヒントを見出したいという話をされていたのです。つまり、この事例からも行革を考える際には団体自治と住民自治とは切っても切り離

せない関係であることが分かります。

藤沢 研究会で議論になった「もうひとつの自治体行革」、つまり府内市町村の行革の他の地域とは違う特色といった点についてはいかがでしょうか。

窪田 国や自治体に限らず、政府には常に効率的な運営が求められるわけで、必要のない政策はつくらず、業務の無駄をなくし、不要となった政策は終了させる、これが狭義の行革です。他方、現在の日本の自治体については、社会の変化を受けた分権化改革により、自治体像がある種転換されて、政府として自立することが求められています。これが広義の行政改革や自治体改革です。この広義の行革をしなければいけないという中で、狭義の行革だけでは駄目だろうというのはさも当然のことだと思うのです。

自治体が政府として自立していく中では、政策マネジメントを上手にやって生活の質を高める、あるいは多様な方法で市民参加を工夫しながら政府として自立していくという視点が必要です。これをもう

ひとつの行革と言っていいでしょう。

小沢 「もうひとつの自治体行革」という時に、我々はオリジナリティを提案するのではなくて、これこそ行革の王道ですというものを提案することが求められていると思います。これまでの行革のイメージのとらえ直し、まさにこれこそが行革の王道ではないかと、その視点を打ち出すという問題意識を持ちたい、共有したいと思います。

2　これからの市町村行革に対する都道府県の支援政策のあり方

藤沢 府内市町村の行革の取組に対する府の支援策について確認した上で、これからの市町村行革に対する都道府県の支援のあり方について議論したいと思います。

中越 京都府としての行革の支援の取組の現状をまず申し上げますと、一つは財政支援です。市町村未来づくり交付金という、全体で19億円あるうちの

会は、情報による誘導の手段ですが、頑張っている自治体にとっては先進事例として紹介されることでどの自治体にとっても気づきの励みになりますし、どの自治体にとっても気づきの機会になるでしょう。

杉岡 中越さんの発言とやや重複しますが、私なりに自治体行革に対する都道府県の役割を考えると、それは次の三つの機能に集約できるのではないかと思います。一つは、プラットフォーム、つなぐという機能です。とりわけ成功体験だけではなくて、失敗経験から学ぶ、悩みなどを共有する場と機会をつくる機能が重要だと感じています。二つ目は、バックアップ機能です。余力のある自治体には必要ありませんが、やはり余力がない自治体にはお金だけではなく人や情報、ノウハウ、知恵などのバックアップが必要になってくると思います。三つ目は、パブリケーション、広報の機能です。行革甲子園のように、各市町村の取組をつないで内外に広く伝える機能は、やはり自治体単独ではなく、都道府県が担うべき役割だと考えます。

窪田 意見・情報交換会はとても良い取組です。府内の市町村の行革を支援するということで、これを政策と捉えて手法を考えたら、経済的な誘導か情報による誘導しかないわけです。府が市町村に行革を強制するわけにはいきませんし、既に経済的な誘導には取り組まれています。市町村の意見・情報交換

3億円を行革枠として支援しており、三つメニューがあります。一つは小規模市町村の安定した行財政運営のための取組。二つ目は将来に備えて、中長期的な視点からの取組、三つ目は広域連携を支援する取組です。この三つをキーにして、市町村が計画的に、また、創意工夫した取組をすれば応援しますよというメッセージを出しています。

二つ目は、市町村の共通する課題や悩みについての意見・情報交換会です。何が大切なポイントなのか、どうやって乗り越えていったらいいのかという知恵の部分、あるいは試行錯誤し苦労されているところをダイレクトに担当者間で情報共有・交流しています。

青山 いろいろな支援をする中で今回、交流会や勉強会を行い、それなりに効果があったと思います。ただ、財政支援などいろいろな支援の一つに、もう少し体系的な人材育成支援のようなことがあってもいいのではないかと思います。

中越 京都府では、現在、新しい行革プランの案をパブリックコメントで公表しており、その切り口として、壁を取っ払うということで、府民により使いやすいサービスとなるように、市町村や民間を交えてワンストップサービス化をしていくということがあります。これは、今までであれば税機構は府の職員と市町村の職員が一緒になって滞納処分をしているわけですが、組織・職員を共有して共通のミッションで動かしてきた経験もあります。さらに今後は、府・市町村のみならず、いろいろな関係機関、民間も含めて、府民を真ん中に置いたサービスの実現をオール京都体制で目指していくという方向性を提案しています。

川勝 意見・情報交換会で、私が今回参加させていただいたのは、公共施設のマネジメントや合併算定替終了後の財政運用など、いずれもマニュアルや先行事例も極めて限定的で、手掛かりになるものがほとんどない状況の中で取り組んでいかなければいけない問題であることを改めて認識しました。その意味においては、各地域での取組についての情報提供は非常に有用であろうと思います。単に事例の紹介だけでなく、大学研究者と実務家が協力して研究し、その成果を情報提供するということも一つ重要なことではないかと思います。特に先ほどのような先例の少ない問題については、実は学術的にも追いついてない側面がありますので、実務家と一緒に研究を進めていく意義は大きいように思います。そうした形で蓄積した研究の成果を市町村間の意見・情報交換会の場で報告・共有することも、有益ではないでしょうか。

杉岡 その意味では、KPIのような大学シンクタンクの役割や意義がますます高まるのではないか、ということを最後に言っておきたいと思います。

3 まとめ・総括

藤沢 ありがとうございました。本研究会のテーマであるこれからの市町村行革のあり方、さらにはそのための府の支援のあり方について解きほぐしていく中で、「もうひとつの自治体行革」についても、いくつかの具体的な提示がされました。

市町村行革のあり方については、ひとつは野洲市の事例が、住民を起点とした発想やシステムへの転換といった点、職員の意識改革や行政の組織改革といった側面で示唆する点が多かったように思います。もうひとつは行革のあり方を考えていく時に、常に住民の生活の質向上につながるかどうかということや、まちづくりの観点から取り組むことが大切だということです。その場合に、客観的に評価できるような仕組みが必要で、オレゴン州のベンチマーク手法のみその部分を今一度掘り下げてみる必要がありそうです。

また、府の市町村行革支援については、今回、意見・情報交換会に参加させていただいて、市町村職員にまじって府の職員も来ていて、まさに同じ悩みを抱えている姿がとても象徴的に感じました。府と市町村の垣根を取り払うことが府の新しい行革プランの柱のひとつだという話も頷ける気がします。そして、このように府と市町村がよりフラットな関係になっていくと、第三の存在としての大学、なかでも大学発シンクタンクの役割がいよいよ際立ってくるように思います。

それでは、最後に、京都政策研究センターの青山センター長から総括をお願いいたします。

青山 行革のあり方を問い直そうということで始まったこの議論ですが、住民の満足度や幸福度が今まで本当にきちんとチェックされていたのかという議論があります。市町村の行革はやはりその将来のあり方を皆で見据えて、まさに市民参加で進める必要があります。そのために、行政サービスのあり方を測るフレームワークがあり、それを「見える化」

することが必要です。その市町村の将来像を考えながら、行政サービスのフレームをきちんと考えていくと、実は自治のあり方を問うということになるのではないかという話もありました。

そのようなことを行革という視点の中で考えながら、府が市町村に対してどういう支援ができるのか。今日の議論の中で情報のプラットフォームを作って、皆で共有しよう、人材育成をしよう、あるいは広域連携しようという話もありました。ただ、これも何でもやればいいというものではなく、何のためにするのか、もう一度王道に立ち戻って考えようという議論ではなかったかと思います。そして、自治体行革の王道を取り戻すことこそが、もうひとつの自治体行革ではないかということで、総括させていただきたいと思います。

KPI を知るには？

KPIのこと、KPIの活動について知りたい！そんなときは…。

○ ホームページ
▶ http://www.kpu.ac.jp
「京都府立大学」のホームページから、「京都政策研究センター」をクリック！

○ Facebook
▶ https://www.facebook.com/kpukpi
ホームページからも Facebook ページに移れます！

○ ニュースレター（隔月発行）
▶ ホームページに掲載しています

ニュースレターにしか書かない情報も！KPIメンバーや関係者によるリレーコラムは、KPIと直接関係ないこともたくさん書いています。

○ KPIパンフレット
▶ ご入用の際は、ご連絡ください。

○ その他、月1回のゆっくりペースでメールマガジンを配信中！
▶ メールマガジンをご希望の方は、kpiinfo@kpu.ac.jp までご一報ください。

京都政策研究センターブックレット No. 2
もうひとつの「自治体改革」
住民満足度向上へつなげる

2014年3月25日　初版発行

企　画	京都府立大学京都政策研究センター 〒606-8522　京都市左京区下鴨半木町1-5 TEL 075-703-5319　FAX 075-703-5319 e-mail: kpiinfo@kpu.ac.jp http://www.kpu.ac.jp/
編　著	青山公三・小沢修司・杉岡秀紀・藤沢　実
発行人	武内英晴
発行所	公人の友社 〒112-0002　東京都文京区小石川5-26-8 TEL 03-3811-5701　FAX 03-3811-5795 e-mail: info@koujinnotomo.com http://koujinnotomo.com/
印刷所	倉敷印刷株式会社

ISBN978-4-87555-640-4